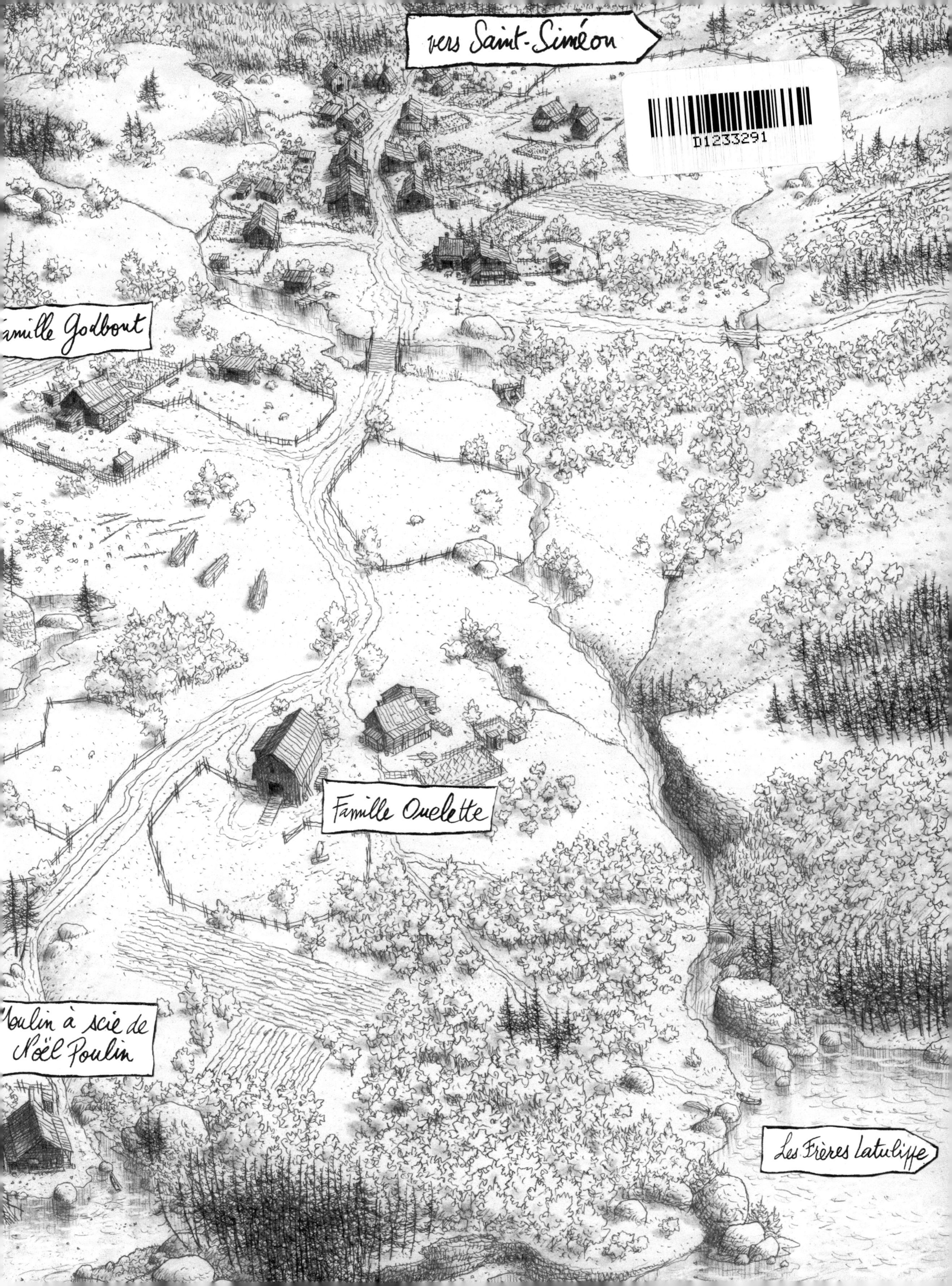
vers Saint-Siméon
amille Godbout
Famille Ouelette
oulin à scie de
Noël Poulin
Les Frères Latulippe

LOISEL & TRIPP

MAGASIN GÉNÉRAL

Confessions

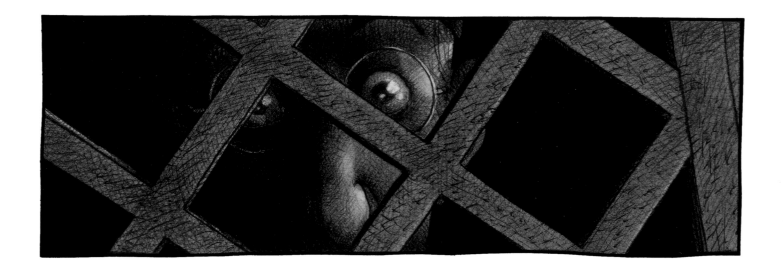

Sur un thème de Régis Loisel

Scénario et dialogues
Régis Loisel & Jean-Louis Tripp

Dessin
Régis Loisel & Jean-Louis Tripp

Adaptation des dialogues en québécois
Jimmy Beaulieu

Couleurs
François Lapierre

CASTERMAN

Première étape par Loisel

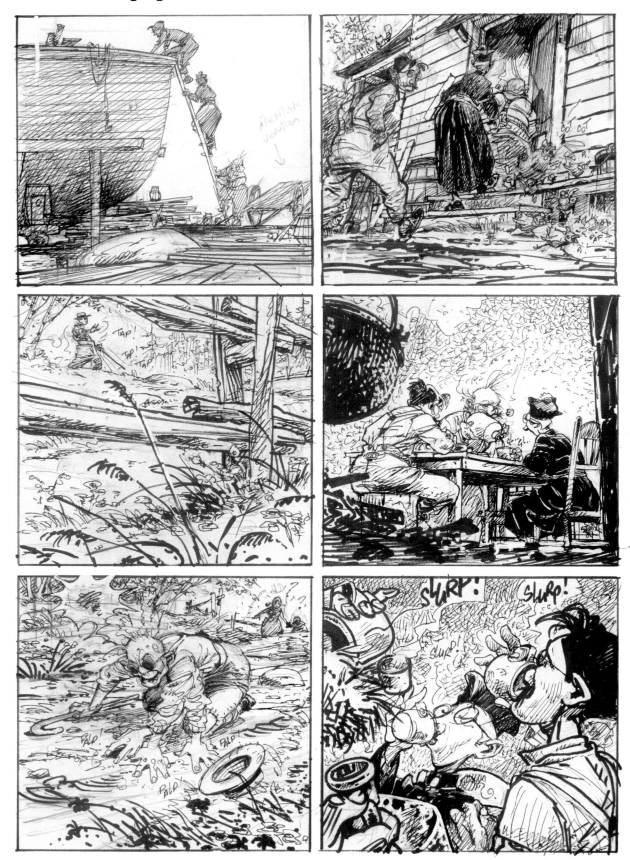

Il est rarissime que deux auteurs accomplis ayant une trentaine d'années de métier se mettent à dessiner ensemble, remisant leurs ego pour se fondre dans un style commun fait du meilleur de chacun d'eux. Voici l'histoire : depuis juillet 2003, Jean-Louis Tripp partage l'atelier de Régis Loisel à Montréal. À cette époque, l'un travaille sur le dernier tome de *Peter Pan* (Vents d'Ouest) et l'autre dessine *Paroles d'Anges* (Glénat). C'est ainsi qu'ils vont prendre conscience de leur complémentarité : alors que Régis n'aime rien tant que de mettre en scène une histoire d'un crayon leste et généreux...

Deuxième étape par Tripp

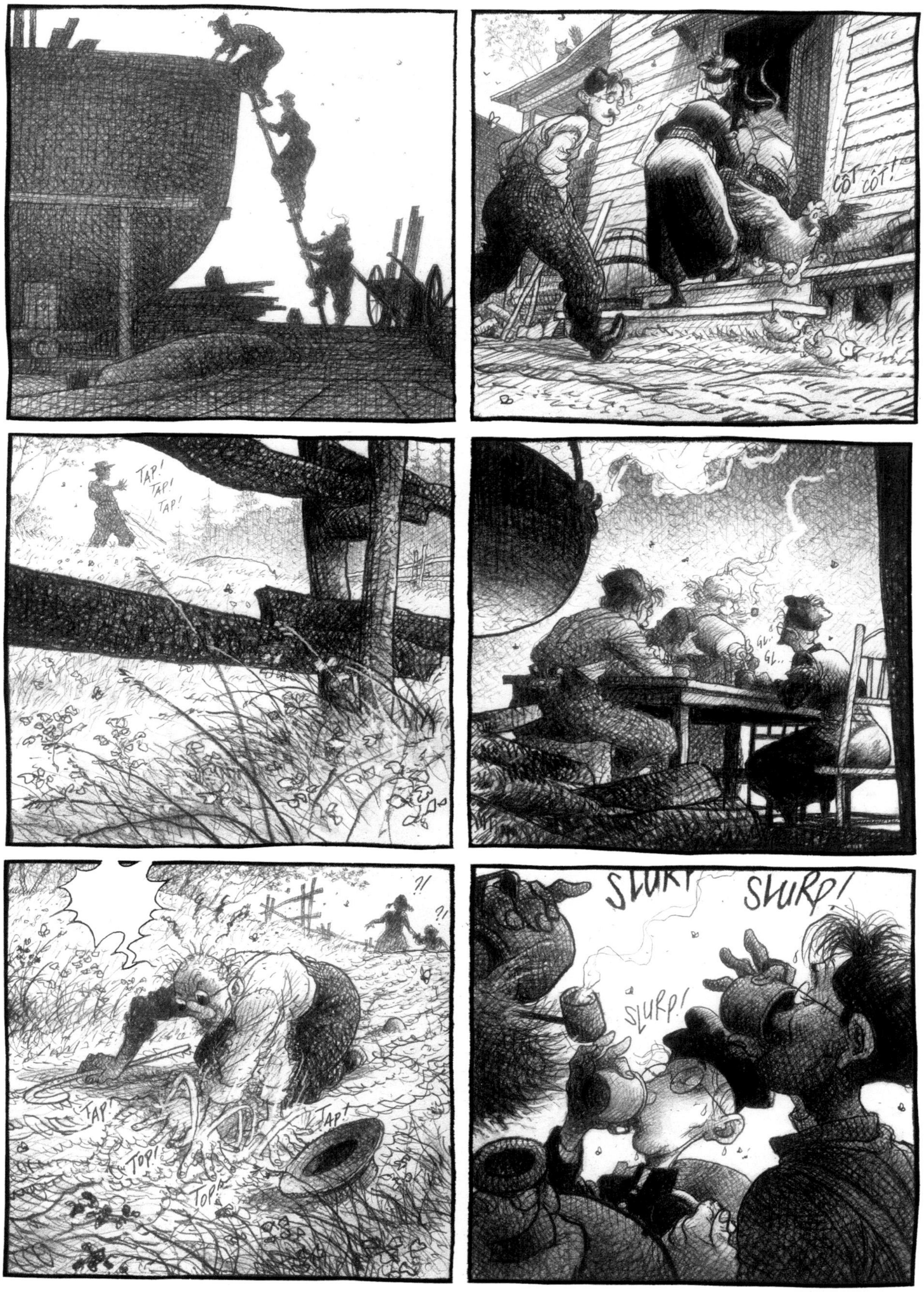
CÔT CÔT!
TAP! TAP! TAP!
GL.. GL..
?!
?!
TAP!
TOP!
TAP!
TOP!
SLURP!
SLURP!

Jean-Louis s'épanouit en distillant des ambiances sensibles et vibrantes par son trait et sa lumière. Ils décident alors de conjuguer leurs talents selon ce principe de plaisir en donnant naissance à un auteur virtuel. L'action de la présente histoire se déroule au Québec dont la langue parlée, si riche et savoureuse, n'est cependant pas d'accès facile pour la plupart des Français. Loisel et Tripp ont donc demandé à Jimmy Beaulieu, talentueux auteur montréalais (*Le Moral des Troupes* - Éditions Mécanique Générale/Les 400 coups), de les aider à trouver un juste niveau de langage qui satisfasse les lecteurs des deux côtés de l'Atlantique.

Le grand merci habituel à :

Michel Laurent pour ses précieux conseils historiques,

La gang de photosynthèse pour sa disponibilité et l'excellence de leur travail.

Yvon Roy pour son œil acéré et sa légendaire habileté sur Photoshop, bref, son aide sur la maquette de la couverture.

Et notre indispensable François Lapierre, toujours aussi impeccable.

Jean-Louis Tripp, par ailleurs, dédie ce livre à Danielle pour son intégrité et sa lucidité, encore et toujours...

www.casterman.com

ISBN 978-2-203-01691-0
Imprimé en France par Pollina s.a., Luçon - n° L48152 - Dépôt légal : octobre 2008 ; D. 2008/0053/549.

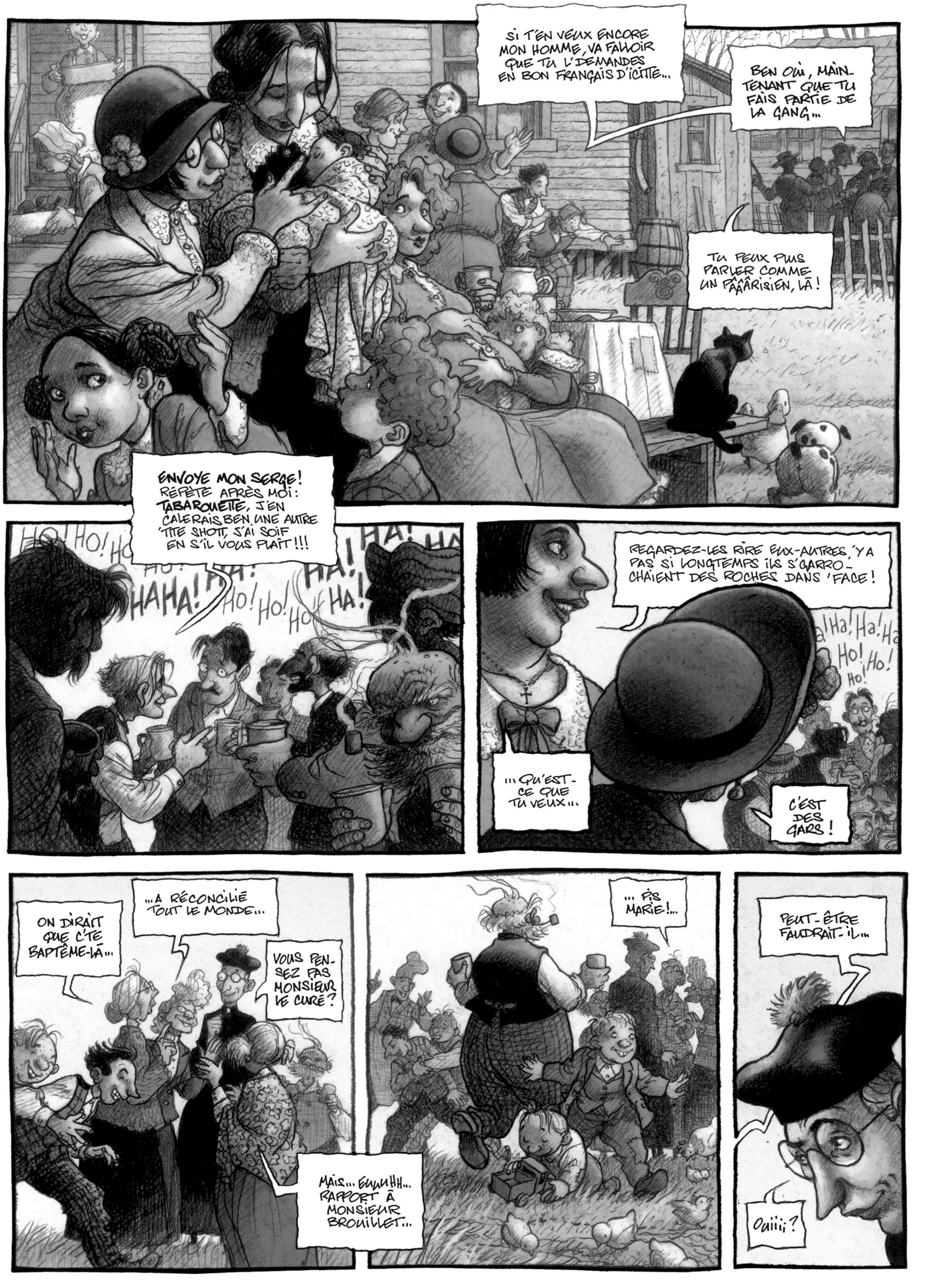
SI T'EN VEUX ENCORE MON HOMME, VA FALLOIR QUE TU L'DEMANDES EN BON FRANÇAIS D'ICITTE...
BEN OUI, MAINTENANT QUE TU FAIS PARTIE DE LA GANG...
TU PEUX PUS PARLER COMME UN PÂÂÂRISIEN, LÀ!
ENVOYE MON SERGE! RÉPÈTE APRÈS MOI: TABAROUETTE, J'EN CALERAIS BEN UNE AUTRE 'TITE SHOTT, J'AI SOIF EN S'IL VOUS PLAÎT!!!
HO! HO! HAHA! HA! HO! HO! HA!
REGARDEZ-LES RIRE EUX-AUTRES, Y'A PAS SI LONGTEMPS ILS S'GARROCHAIENT DES ROCHES DANS 'FACE!
HA! HA! HA! HO! HO! HO!
...QU'EST-CE QUE TU VEUX...
C'EST DES GARS!
ON DIRAIT QUE C'TE BAPTÊME-LÀ...
...A RÉCONCILIÉ TOUT LE MONDE...
VOUS PENSEZ PAS MONSIEUR LE CURÉ?
MAIS... EUUHH... RAPPORT À MONSIEUR BROUILLET...
...PIS MARIE!...
PEUT-ÊTRE FAUDRAIT-IL...
OUIII?

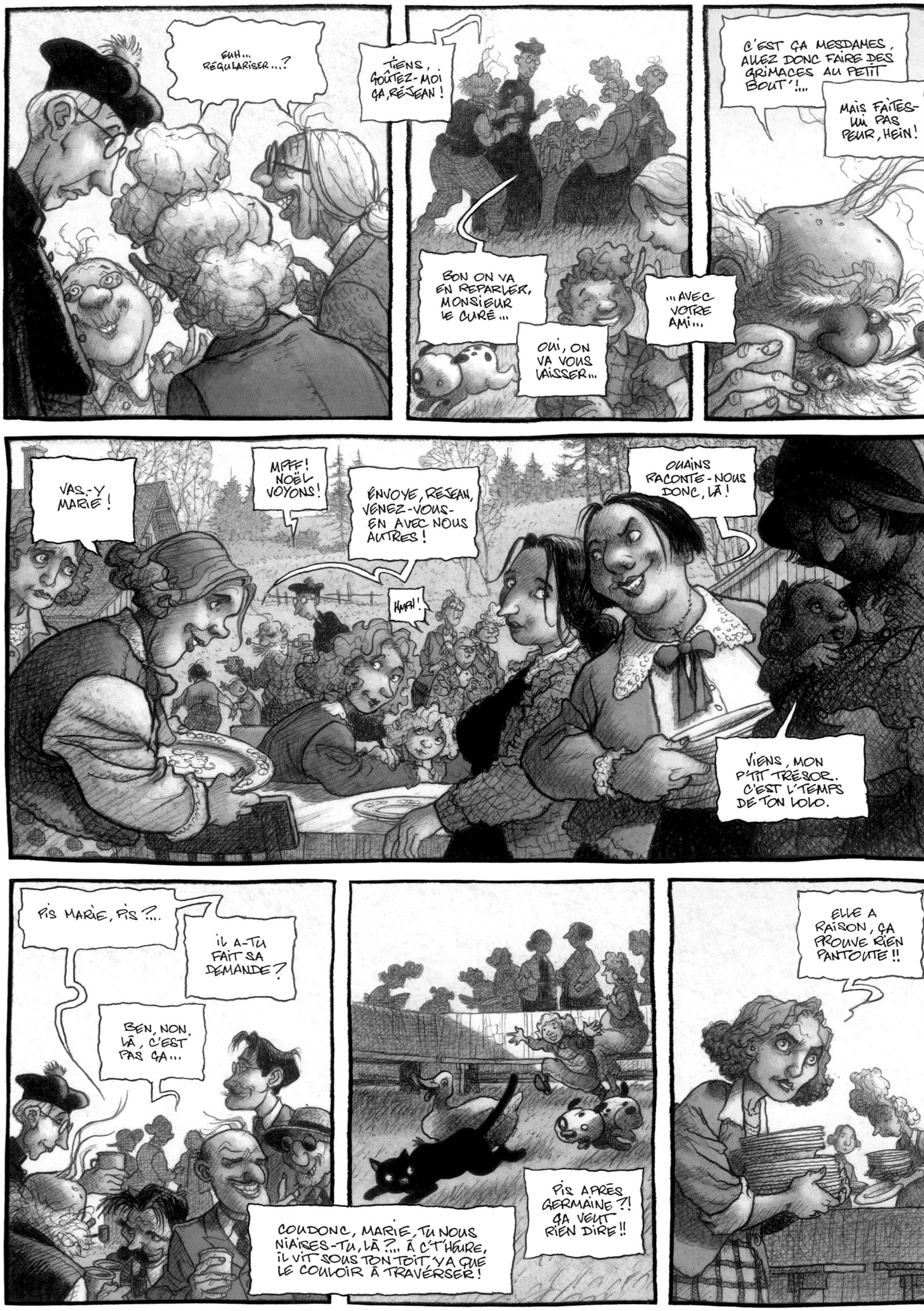

EUH... RÉGULARISER...?
TIENS, GOÛTEZ-MOI ÇA, RÉJEAN!
BON ON VA EN REPARLER, MONSIEUR LE CURÉ...
OUI, ON VA VOUS LAISSER...
...AVEC VOTRE AMI...
C'EST ÇA MESDAMES, ALLEZ DONC FAIRE DES GRIMACES AU PETIT BOUT'!...
MAIS FAITES-LUI PAS PEUR, HEIN!
VAS-Y MARIE!
MPFF! NOËL VOYONS!
ENVOYE, RÉJEAN, VENEZ-VOUS-EN AVEC NOUS AUTRES!
HMPH!
OUAINS RACONTE-NOUS DONC, LÀ!
VIENS, MON P'TIT TRÉSOR. C'EST L'TEMPS DE TON LOLO.
PIS MARIE, PIS?...
IL A-TU FAIT SA DEMANDE?
BEN, NON, LÀ, C'EST PAS ÇA...
COUDONC, MARIE, TU NOUS NIAISES-TU, LÀ?... À C'T'HEURE, IL VIT SOUS TON TOIT, Y'A QUE LE COULOIR À TRAVERSER!
PIS APRÈS GERMAINE?! ÇA VEUT RIEN DIRE!!
ELLE A RAISON, ÇA PROUVE RIEN PANTOUTE!!

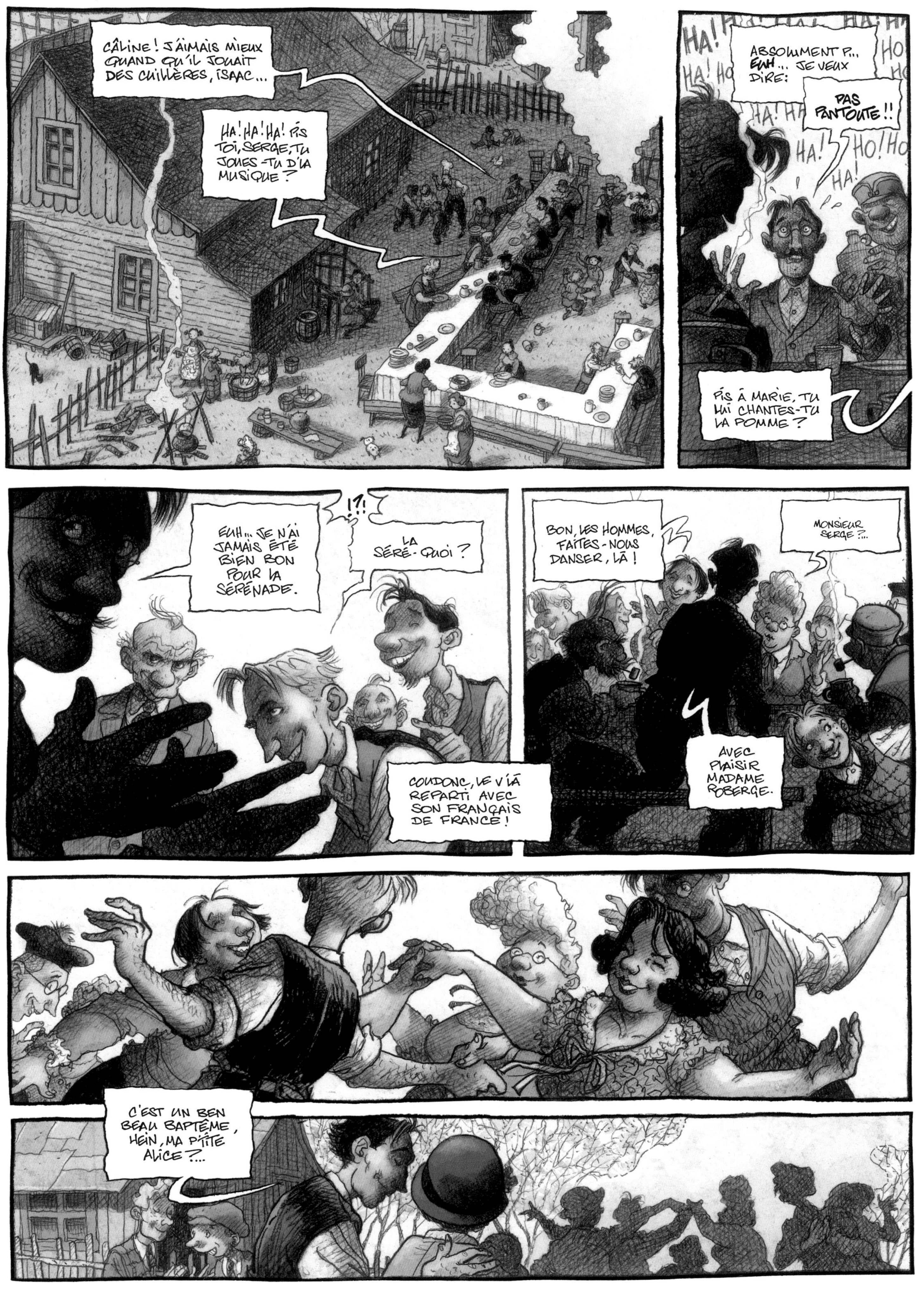
CÂLINE ! J'AIMAIS MIEUX QUAND QU'IL JOUAIT DES CUILLÈRES, ISAAC...
HA ! HA ! HA ! PIS TOI, SERGE, TU JOUES-TU D'LA MUSIQUE ?
HA! HA! HO
ABSOLUMENT P... EUH... JE VEUX DIRE:
PAS PANTOUTE !!
HA! HO! HO HA!
PIS À MARIE, TU LUI CHANTES-TU LA POMME ?
EUH... JE N'AI JAMAIS ÉTÉ BIEN BON POUR LA SÉRÉNADE.
!?!
LA SÉRÉ-QUOI ?
COUDONC, LE V'LÀ REPARTI AVEC SON FRANÇAIS DE FRANCE !
BON, LES HOMMES, FAITES-NOUS DANSER, LÀ !
MONSIEUR SERGE ?...
AVEC PLAISIR MADAME ROBERGE.
C'EST UN BEN BEAU BAPTÊME, HEIN, MA P'TITE ALICE ?...

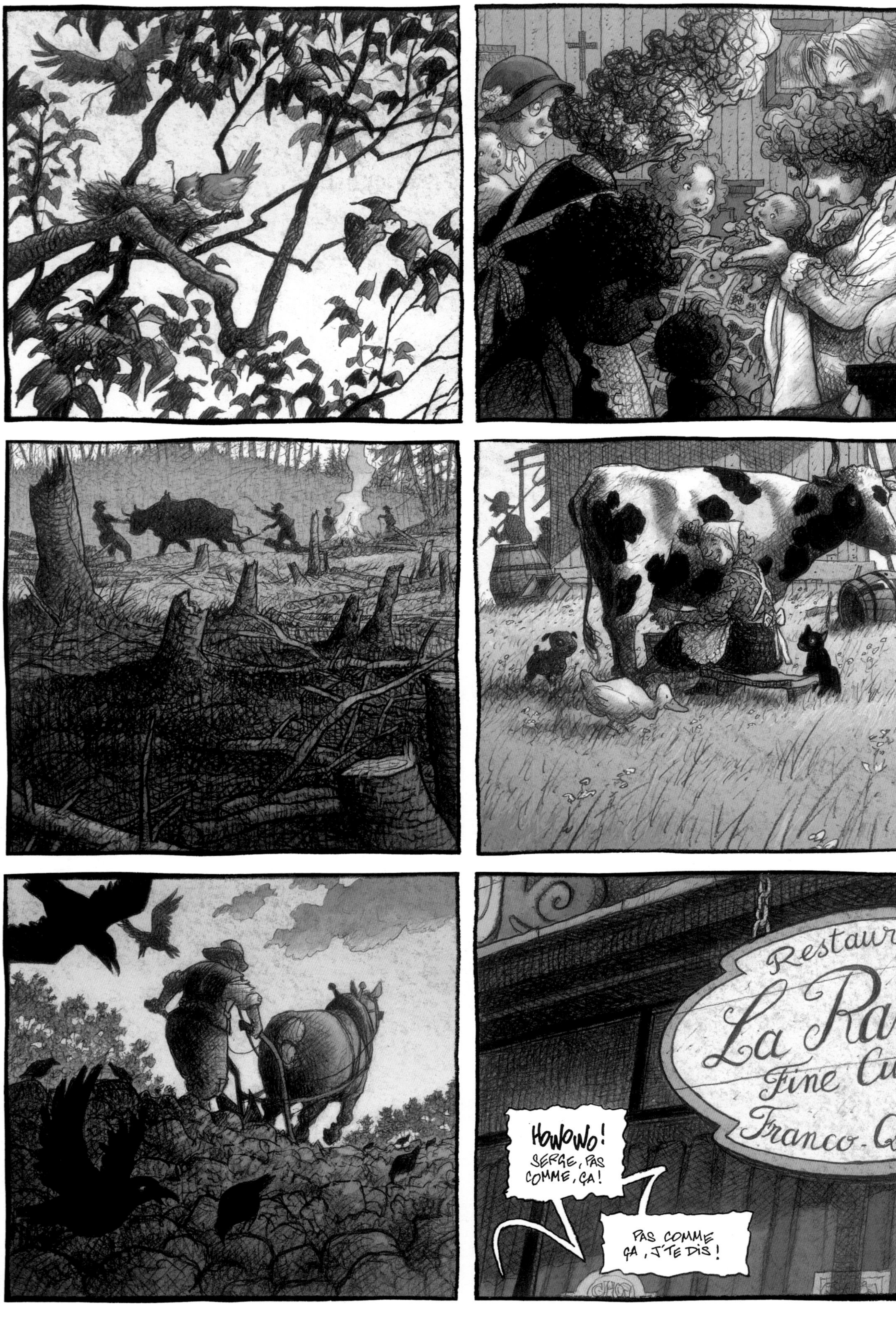
HOWOWO! SERGE, PAS COMME, ÇA!
PAS COMME ÇA, J'TE DIS!

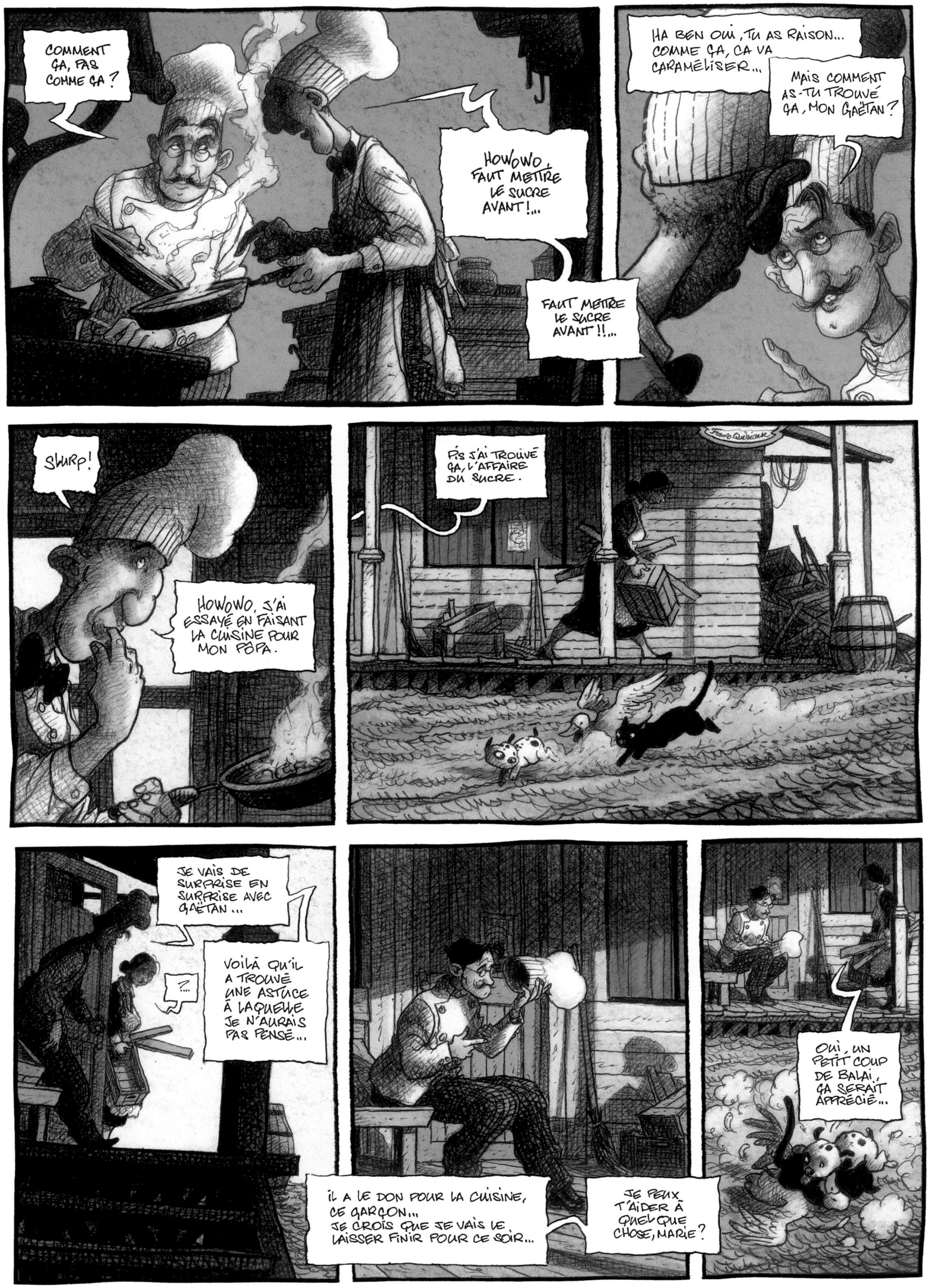
COMMENT ÇA, PAS COMME ÇA ?
HOWOWO, FAUT METTRE LE SUCRE AVANT !...
FAUT METTRE LE SUCRE AVANT !!...
HA BEN OUI, TU AS RAISON... COMME ÇA, ÇA VA CARAMÉLISER...
MAIS COMMENT AS-TU TROUVÉ ÇA, MON GAËTAN ?
SLURP !
HOWOWO, J'AI ESSAYÉ EN FAISANT LA CUISINE POUR MON PÔPA.
PIS J'AI TROUVÉ ÇA, L'AFFAIRE DU SUCRE.
JE VAIS DE SURPRISE EN SURPRISE AVEC GAËTAN...
?...
VOILÀ QU'IL A TROUVÉ UNE ASTUCE À LAQUELLE JE N'AURAIS PAS PENSÉ...
IL A LE DON POUR LA CUISINE, CE GARÇON... JE CROIS QUE JE VAIS LE LAISSER FINIR POUR CE SOIR...
JE PEUX T'AIDER À QUELQUE CHOSE, MARIE ?
OUI, UN PETIT COUP DE BALAI, ÇA SERAIT APPRÉCIÉ...

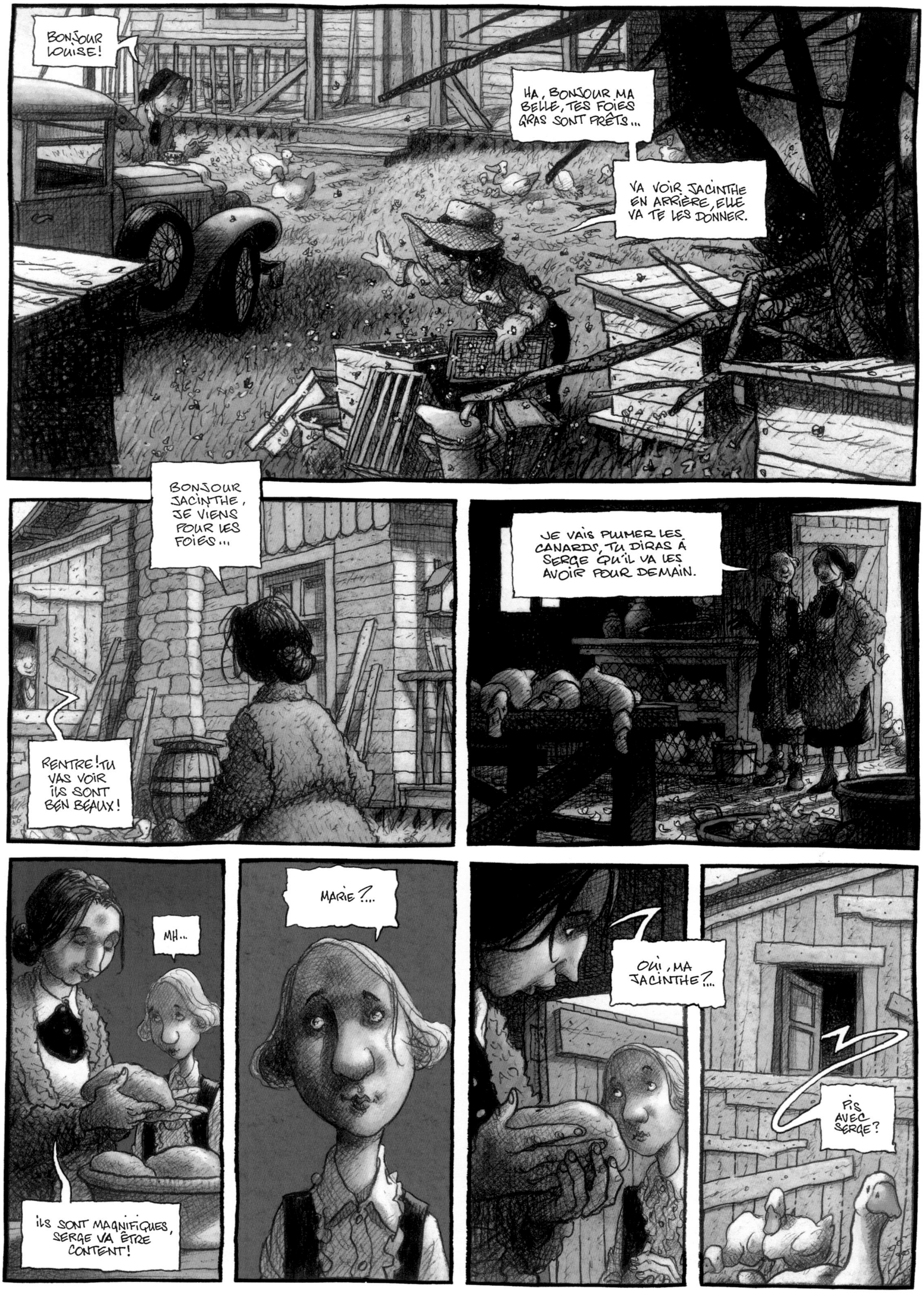
BONJOUR LOUISE!
HA, BONJOUR MA BELLE, TES FOIES GRAS SONT PRÊTS...
VA VOIR JACINTHE EN ARRIÈRE, ELLE VA TE LES DONNER.
BONJOUR JACINTHE, JE VIENS POUR LES FOIES...
RENTRE! TU VAS VOIR ILS SONT BEN BEAUX!
JE VAIS PLUMER LES CANARDS, TU DIRAS À SERGE QU'IL VA LES AVOIR POUR DEMAIN.
MH...
ILS SONT MAGNIFIQUES, SERGE VA ÊTRE CONTENT!
MARIE ?...
OUI, MA JACINTHE ?...
PIS AVEC SERGE?

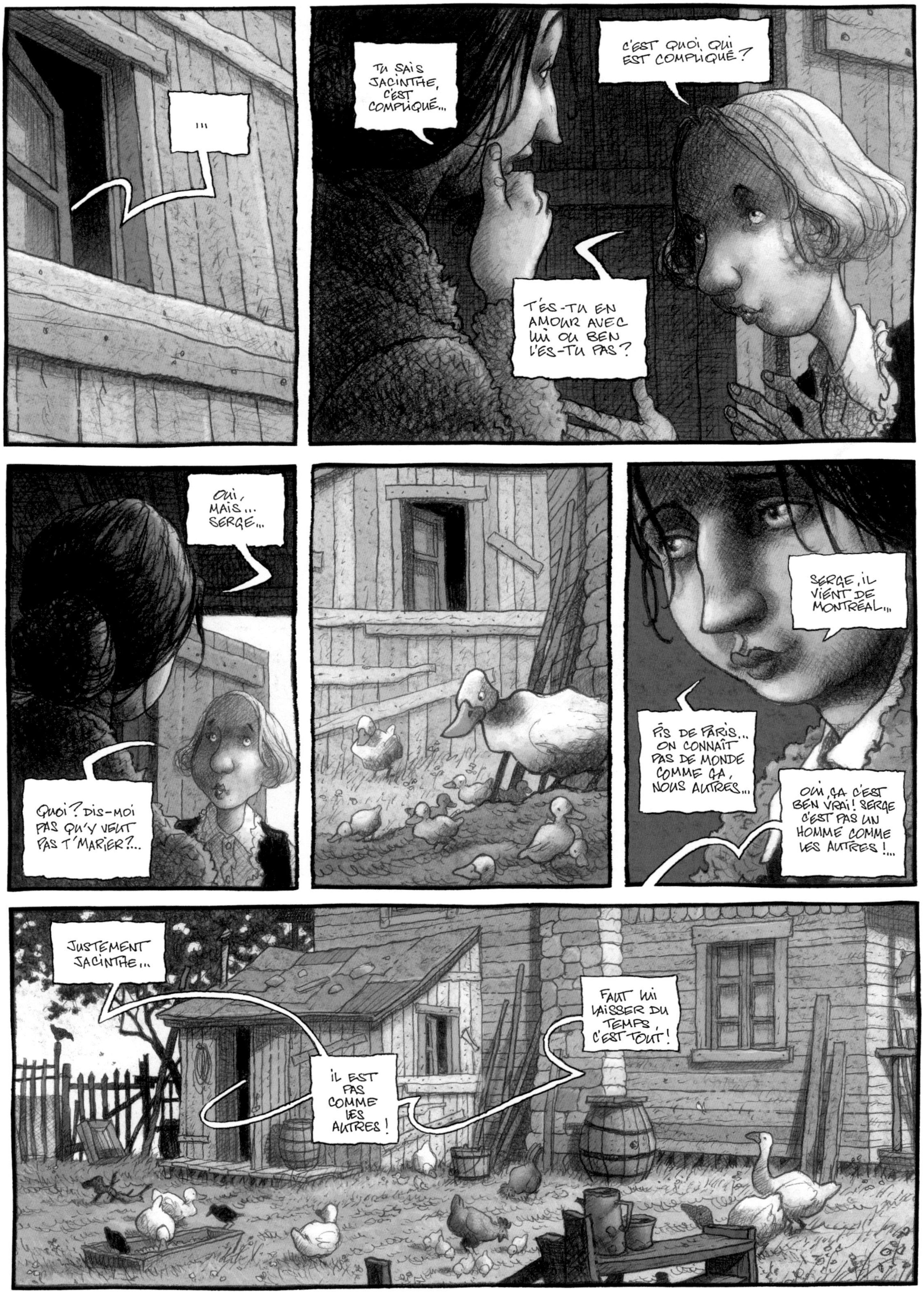
...
TU SAIS JACINTHE, C'EST COMPLIQUÉ...
C'EST QUOI, QUI EST COMPLIQUÉ ?
T'ES-TU EN AMOUR AVEC LUI OU BEN L'ES-TU PAS ?
OUI, MAIS... SERGE...
QUOI ? DIS-MOI PAS QU'Y VEUT PAS T'MARIER ?...
SERGE, IL VIENT DE MONTRÉAL...
FIS DE PARIS... ON CONNAÎT PAS DE MONDE COMME ÇA, NOUS AUTRES...
OUI, ÇA C'EST BEN VRAI ! SERGE C'EST PAS UN HOMME COMME LES AUTRES !...
JUSTEMENT JACINTHE...
IL EST PAS COMME LES AUTRES !
FAUT LUI LAISSER DU TEMPS, C'EST TOUT !

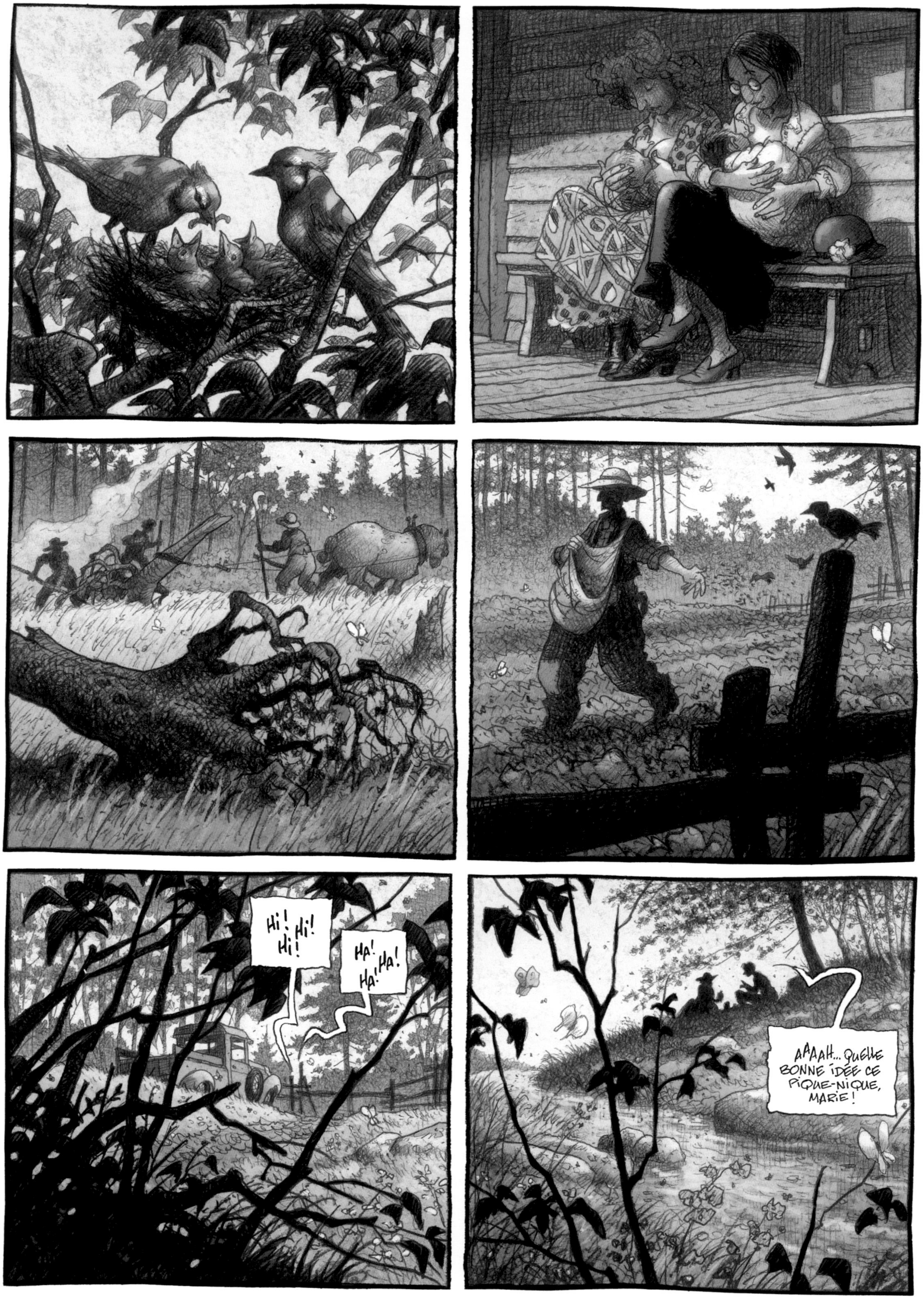
Hi! Hi! Hi!
Ha! Ha! Ha!
AAAAH... QUELLE BONNE IDÉE CE PIQUE-NIQUE, MARIE !

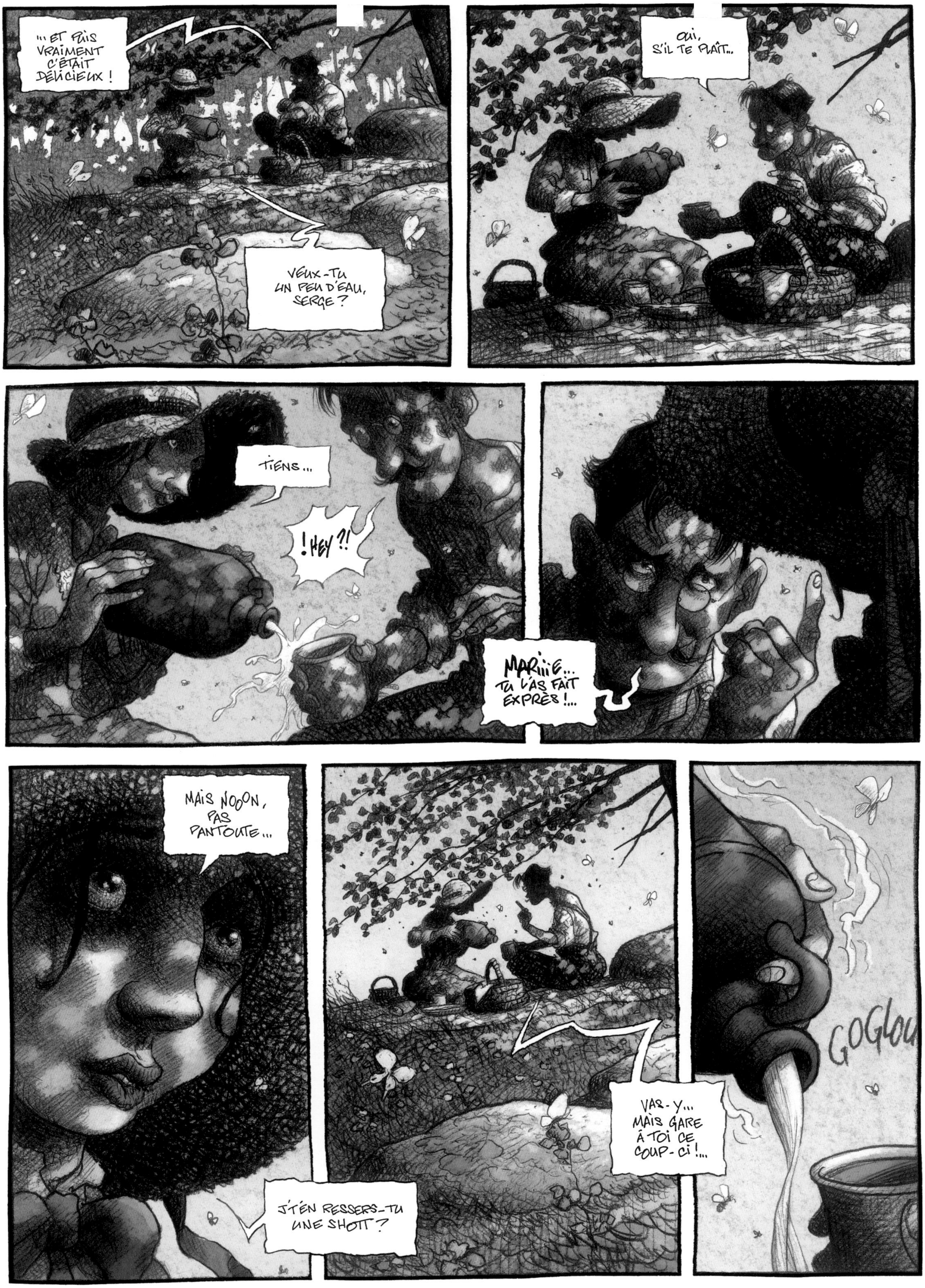
...ET PUIS VRAIMENT C'ÉTAIT DÉLICIEUX !
VEUX-TU UN PEU D'EAU, SERGE ?
OUI, S'IL TE PLAÎT...
TIENS...
! HEY ?!
MARIIIE... TU L'AS FAIT EXPRÈS !...
MAIS NOOON, PAS PANTOUTE...
J'T'EN RESSERS-TU UNE SHOTT ?
VAS-Y... MAIS GARE À TOI CE COUP-CI !...
GOGLOU

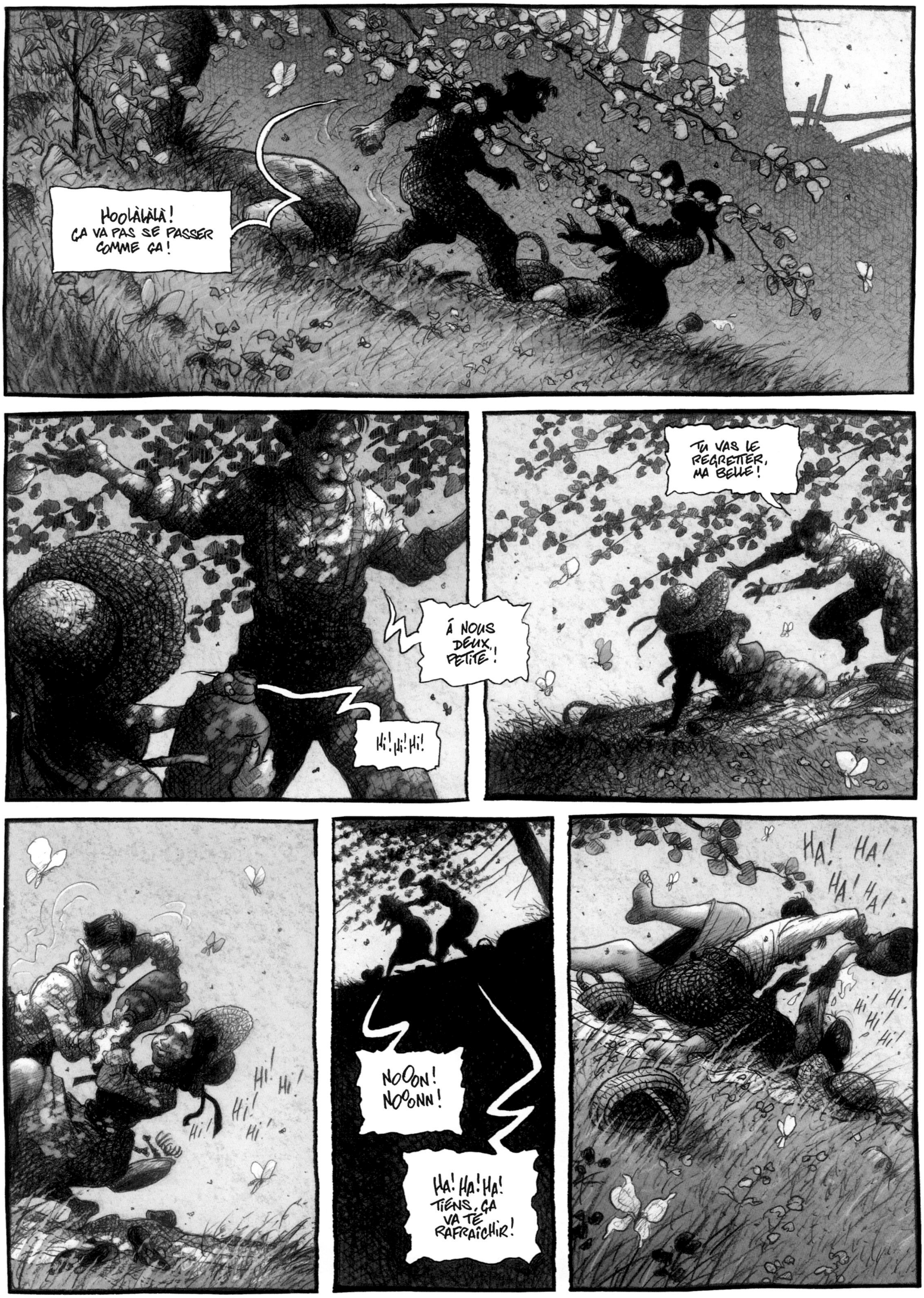
HOOLÀLÀLÀ ! ÇA VA PAS SE PASSER COMME ÇA !
Á NOUS DEUX, PETITE !
HI ! HI ! HI !
TU VAS LE REGRETTER, MA BELLE !
HI ! HI ! HI ! HI !
NOOOON ! NOOONN !
HA ! HA ! HA ! TIENS, ÇA VA TE RAFRAICHIR !
HA ! HA ! HA ! HA !
HI ! HI ! HI ! HI !

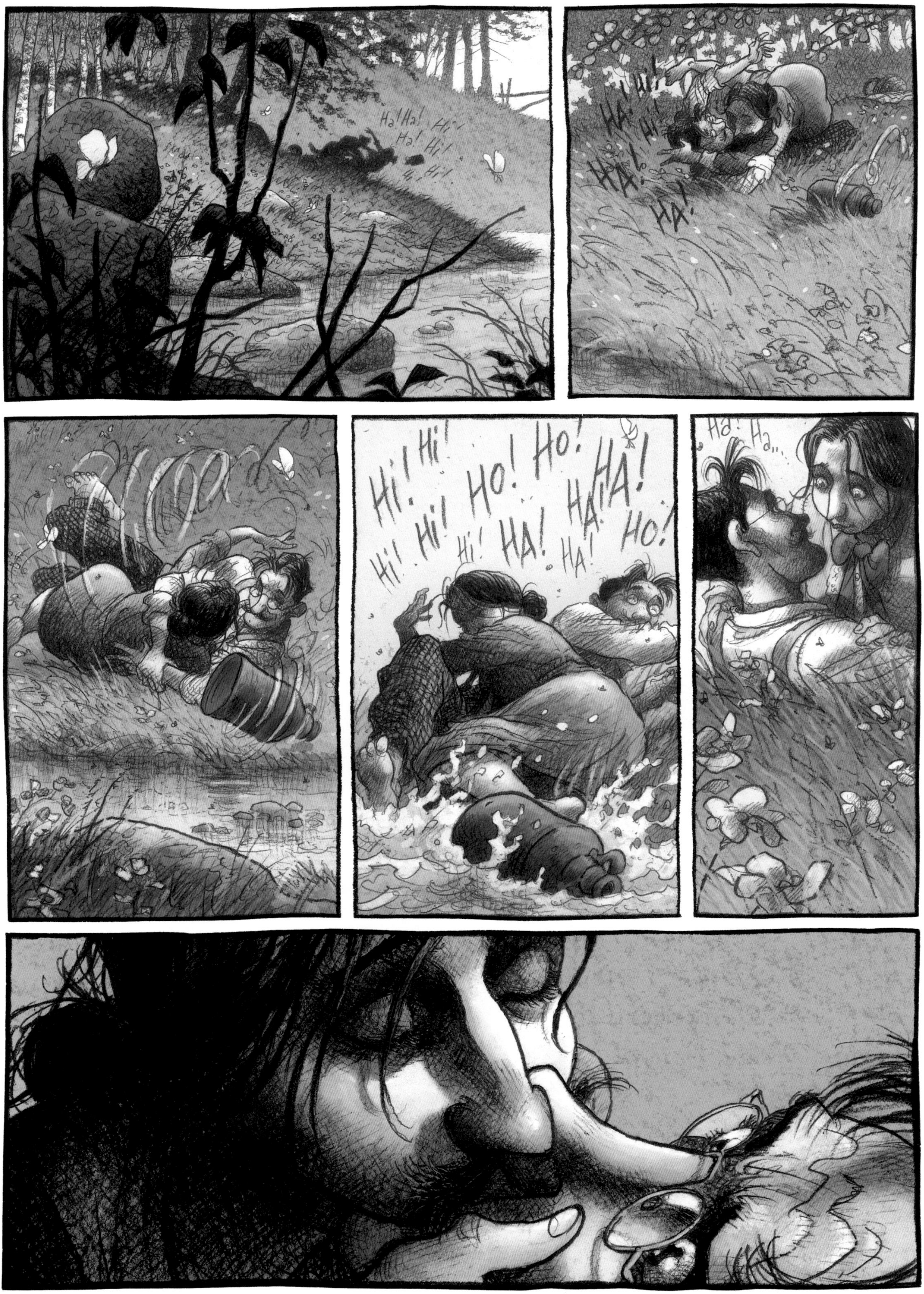
Ha! Ha! Hi! Ha! Hi!
HA! HA! HA!
Hi! Hi! Ho! Ho! HA!
Hi! Hi! Hi! HA! HA! HA! HO!
Ha! Ha...

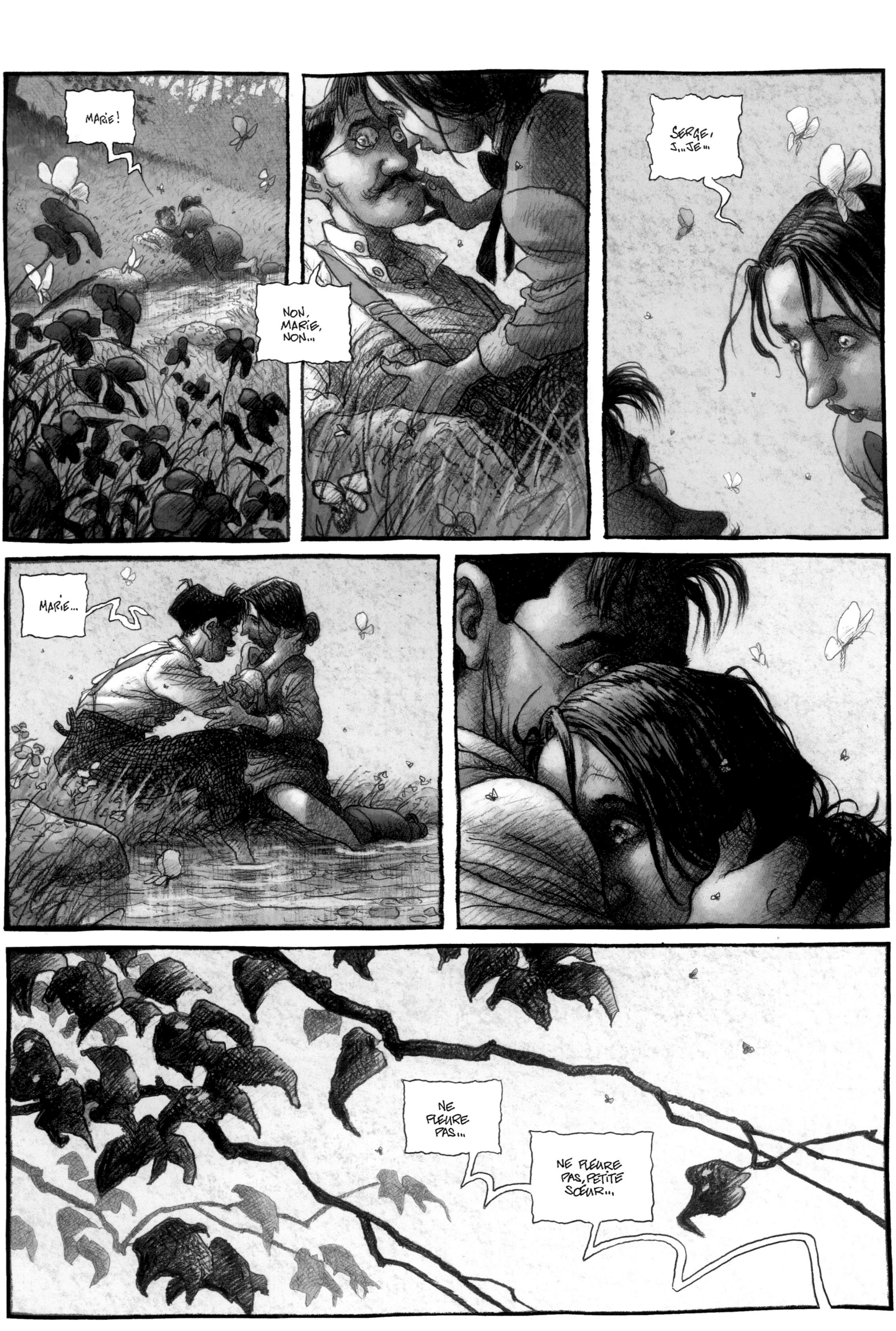
MARIE !
NON, MARIE, NON...
SERGE, J... JE...
MARIE...
NE PLEURE PAS...
NE PLEURE PAS, PETITE SOEUR...

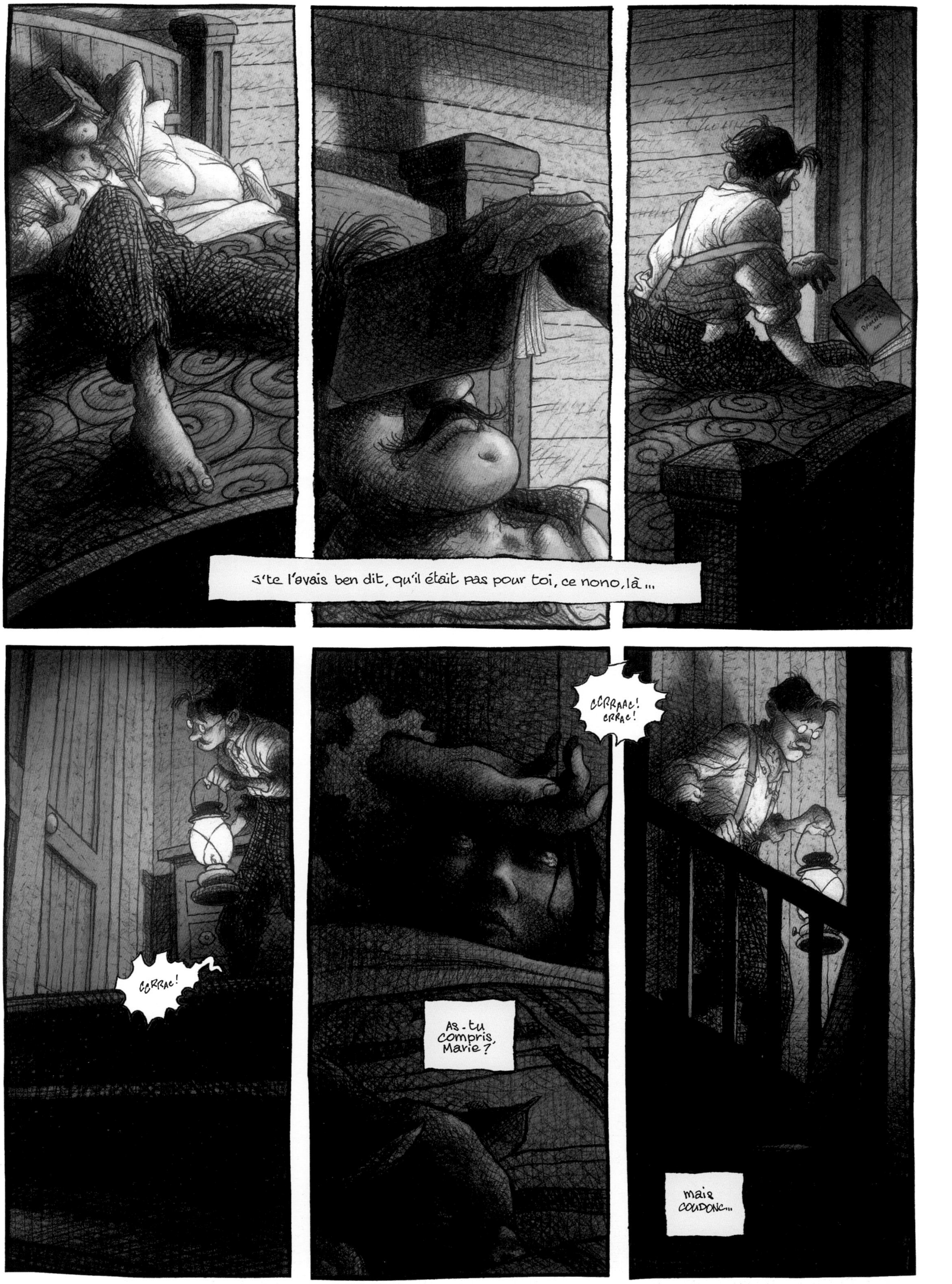
J'te l'avais ben dit, qu'il était pas pour toi, ce nono, là...
CCRRAC!
CCRRAAC! CRRAC!
As-tu compris, Marie?
Mais coudonc...

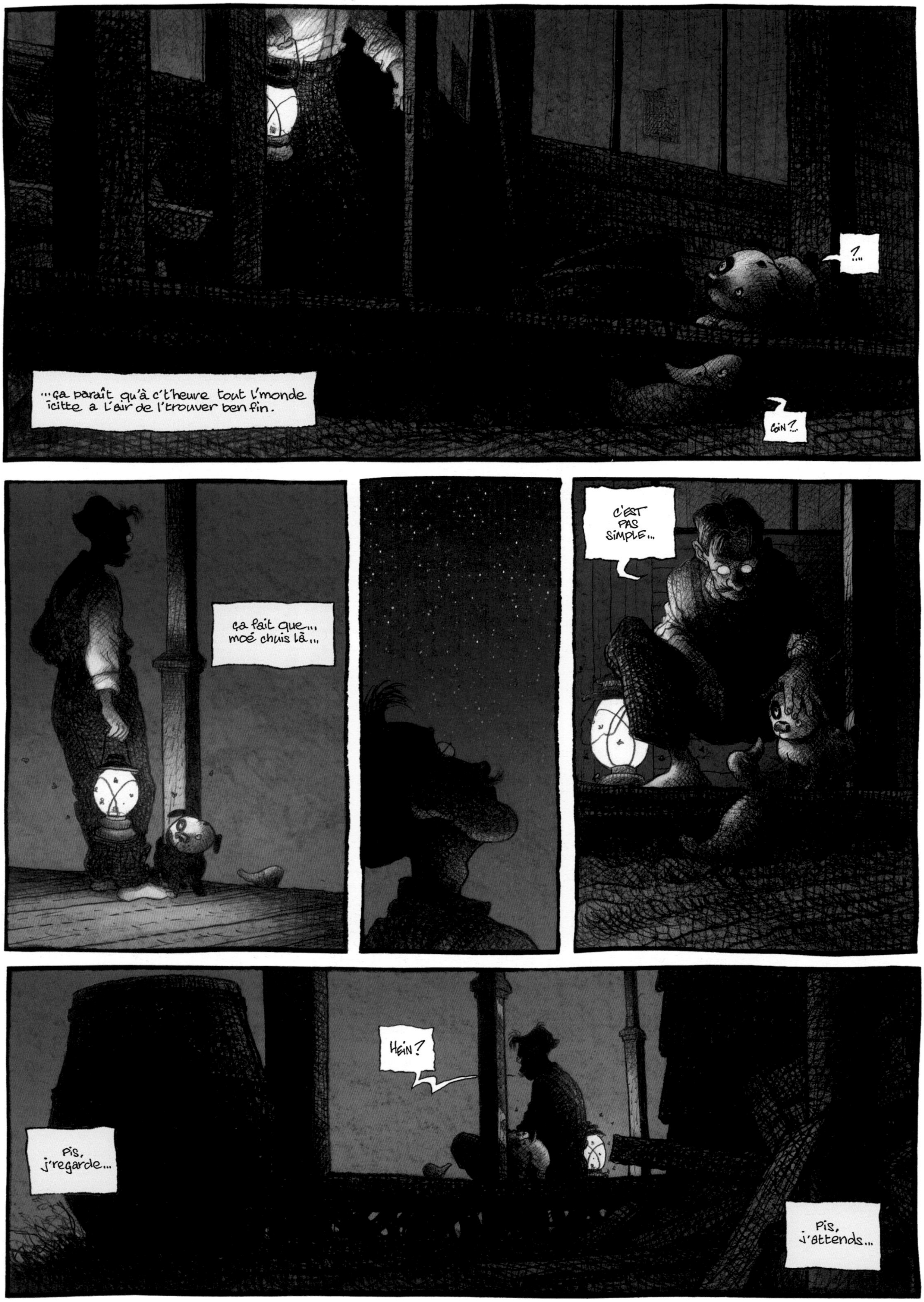

?...
...ça paraît qu'à c't'heure tout l'monde icitte a l'air de l'trouver ben fin.
Coin ?...
Ça fait que... moé chuis là...
C'est pas simple...
Hein ?
Pis, j'regarde...
Pis, j'attends...

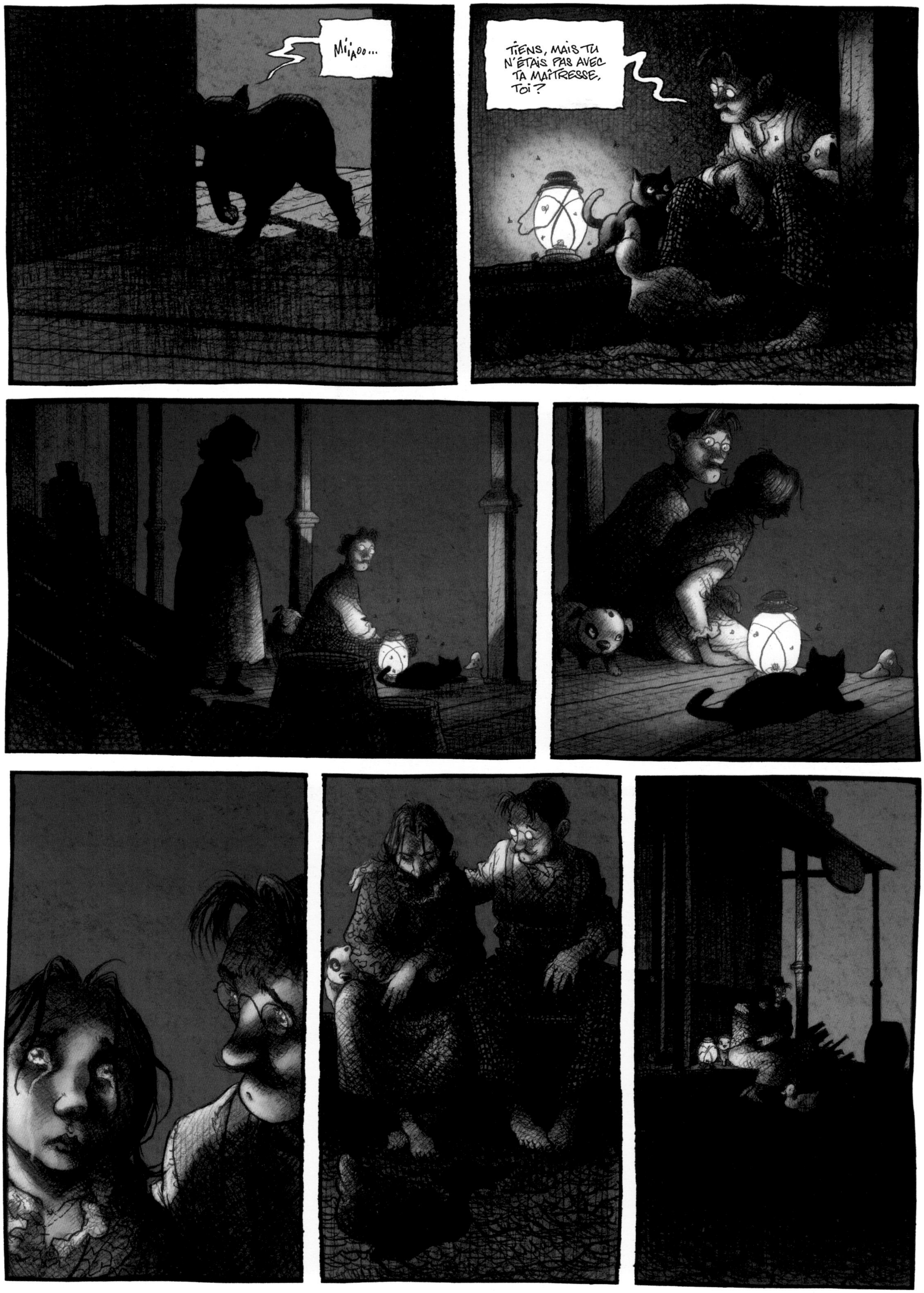
MIIAOO...
TIENS, MAIS TU N'ÉTAIS PAS AVEC TA MAÎTRESSE, TOI ?

BON, GAËTAN, TU AS BIEN COMPRIS ?... TU LES FAIS BLANCHIR 5 À 6 MINUTES ET...

HOWOWOWO! ÇA FAIT COMBIEN, ÇA ?

DEUX SABLIERS, GAËTAN !... DEUX!

IL EST POSÉ LÀ !...

HOWOWO! DEUX? M... MAIS...

"... ?

Y EST OÙ L'AUTRE ? 'Y EN A JUSTE UN!

BON D'ACCORD...

ALORS QUAND TOUT LE SABLE SERA PASSÉ UNE FOIS TU LE RETOURNES ET ÇA FERA DEUX FOIS!

C'EST ÇA !... BON, TU CONNAIS LE RESTE DU MENU, ALORS...

HOWOWO! TU PEUX Y ALLER, JE VAS ÊTRE CAPABLE TOUT SEUL!

?

HOWOWO! J'AI COMPRIS: 2 SABLIERS!

BON, ALORS J'Y VAIS!

T... TU PARS, SERGE?

'Y A-T-U QUELQUE CHOSE QUI VA PAS?

x

20

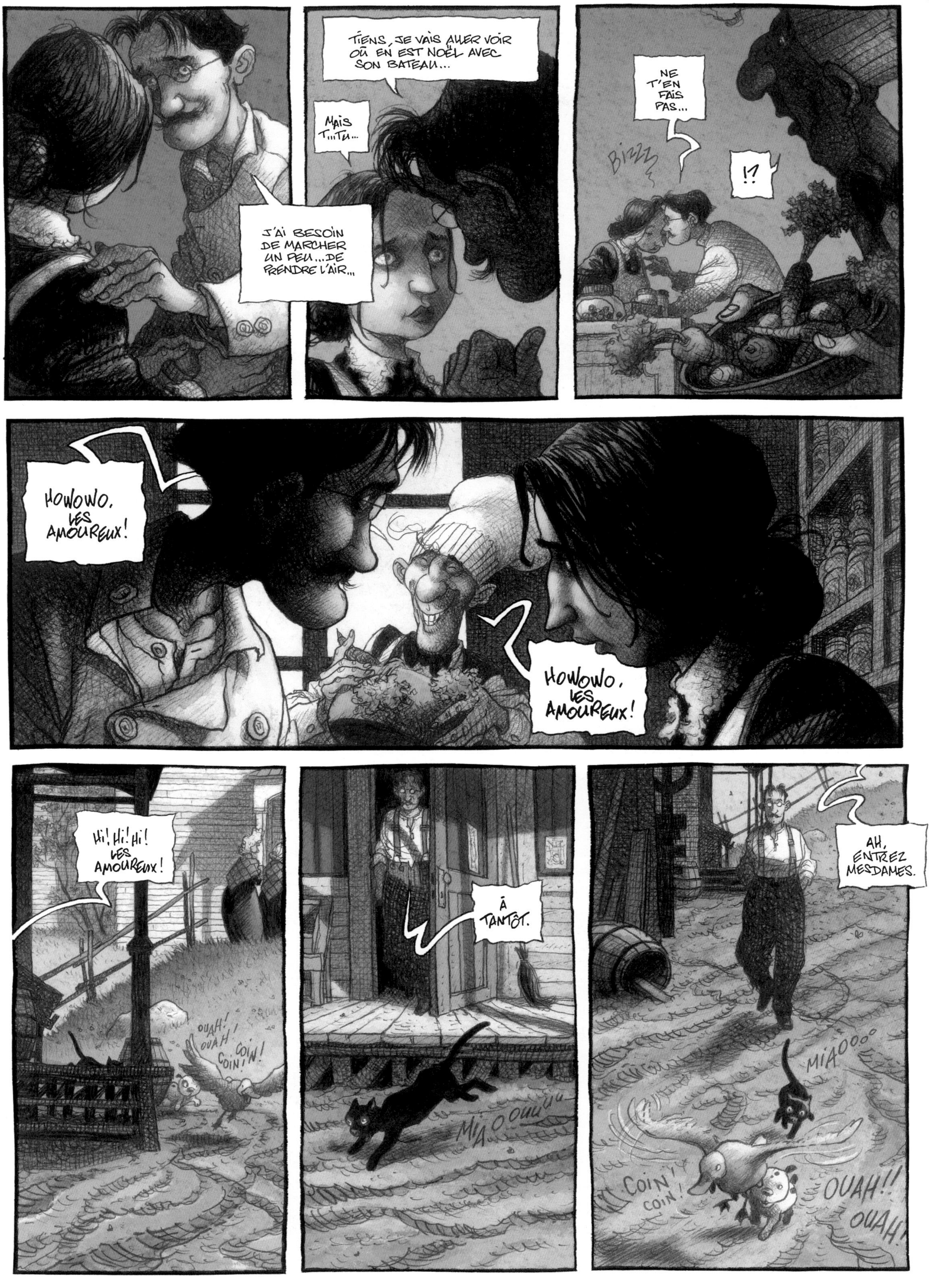
J'AI BESOIN DE MARCHER UN PEU... DE PRENDRE L'AIR...
TIENS, JE VAIS ALLER VOIR OÙ EN EST NOËL AVEC SON BATEAU...
MAIS T...TU...
BIZZZ
NE T'EN FAIS PAS...
!?
HOWOWO, LES AMOUREUX!
HOWOWO, LES AMOUREUX!
HI! HI! HI! LES AMOUREUX!
OUAH! OUAH! COIN! COIN!
À TANTÔT.
MIAOUUUU
AH, ENTREZ MESDAMES.
MIAOOO
COIN! COIN!
OUAH!! OUAH!

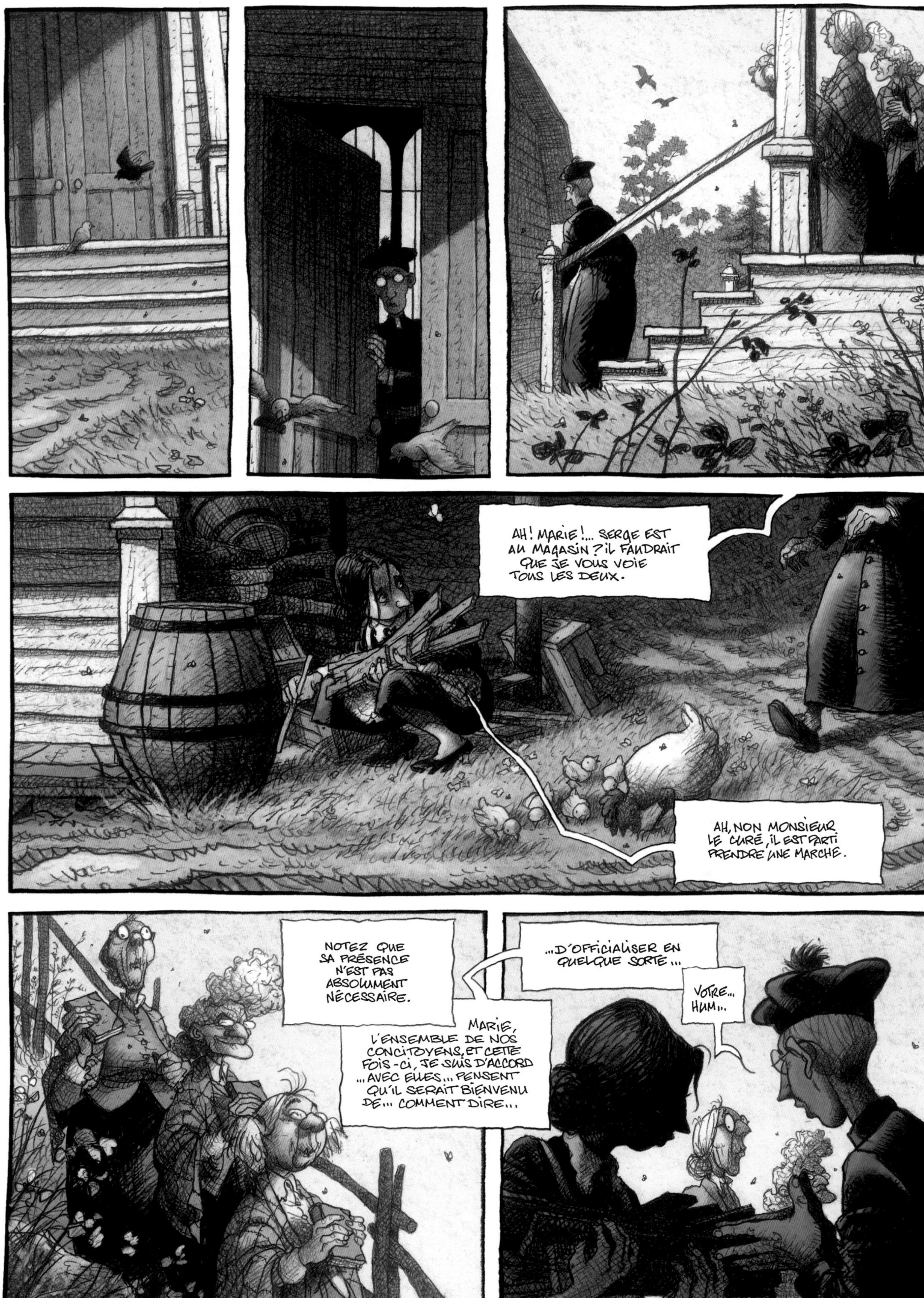
AH! MARIE !... SERGE EST AU MAGASIN ? IL FAUDRAIT QUE JE VOUS VOIE TOUS LES DEUX.
AH, NON MONSIEUR LE CURÉ, IL EST PARTI PRENDRE UNE MARCHE.
NOTEZ QUE SA PRÉSENCE N'EST PAS ABSOLUMENT NÉCESSAIRE.
MARIE, L'ENSEMBLE DE NOS CONCITOYENS, ET CETTE FOIS-CI, JE SUIS D'ACCORD ...AVEC ELLES... PENSENT QU'IL SERAIT BIENVENU DE... COMMENT DIRE...
...D'OFFICIALISER EN QUELQUE SORTE...
VOTRE... HUM...

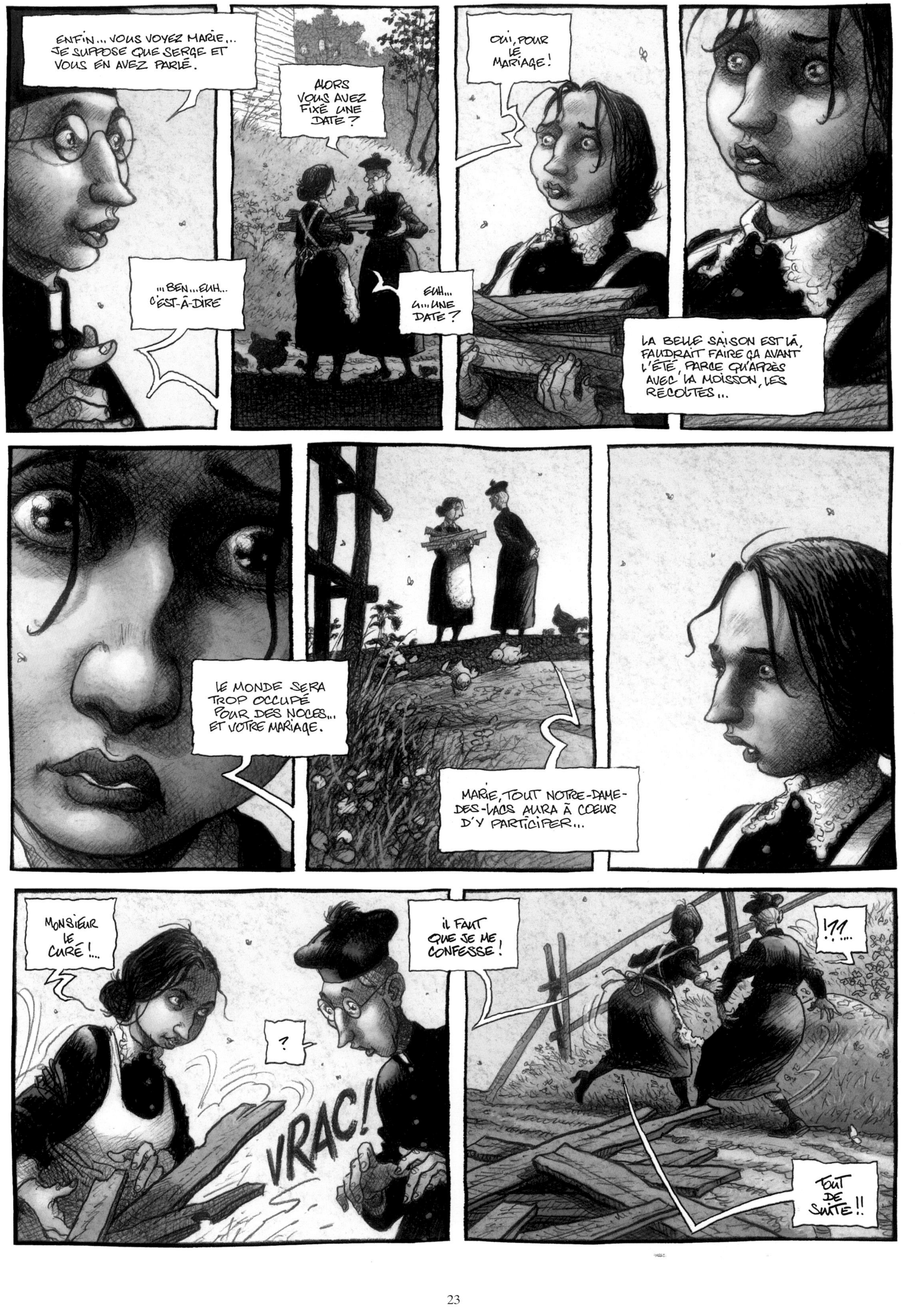
ENFIN... VOUS VOYEZ MARIE... JE SUPPOSE QUE SERGE ET VOUS EN AVEZ PARLÉ.
...BEN...EUH... C'EST-À-DIRE
ALORS VOUS AVEZ FIXÉ UNE DATE ?
EUH... U...UNE DATE ?
OUI, POUR LE MARIAGE !
LA BELLE SAISON EST LÀ, FAUDRAIT FAIRE ÇA AVANT L'ÉTÉ, PARCE QU'APRÈS AVEC LA MOISSON, LES RÉCOLTES...
LE MONDE SERA TROP OCCUPÉ POUR DES NOCES... ET VOTRE MARIAGE.
MARIE, TOUT NOTRE-DAME-DES-LACS AURA À COEUR D'Y PARTICIPER...
MONSIEUR LE CURÉ !...
?
VRAC !
IL FAUT QUE JE ME CONFESSE !
!?!...
TOUT DE SUITE !!

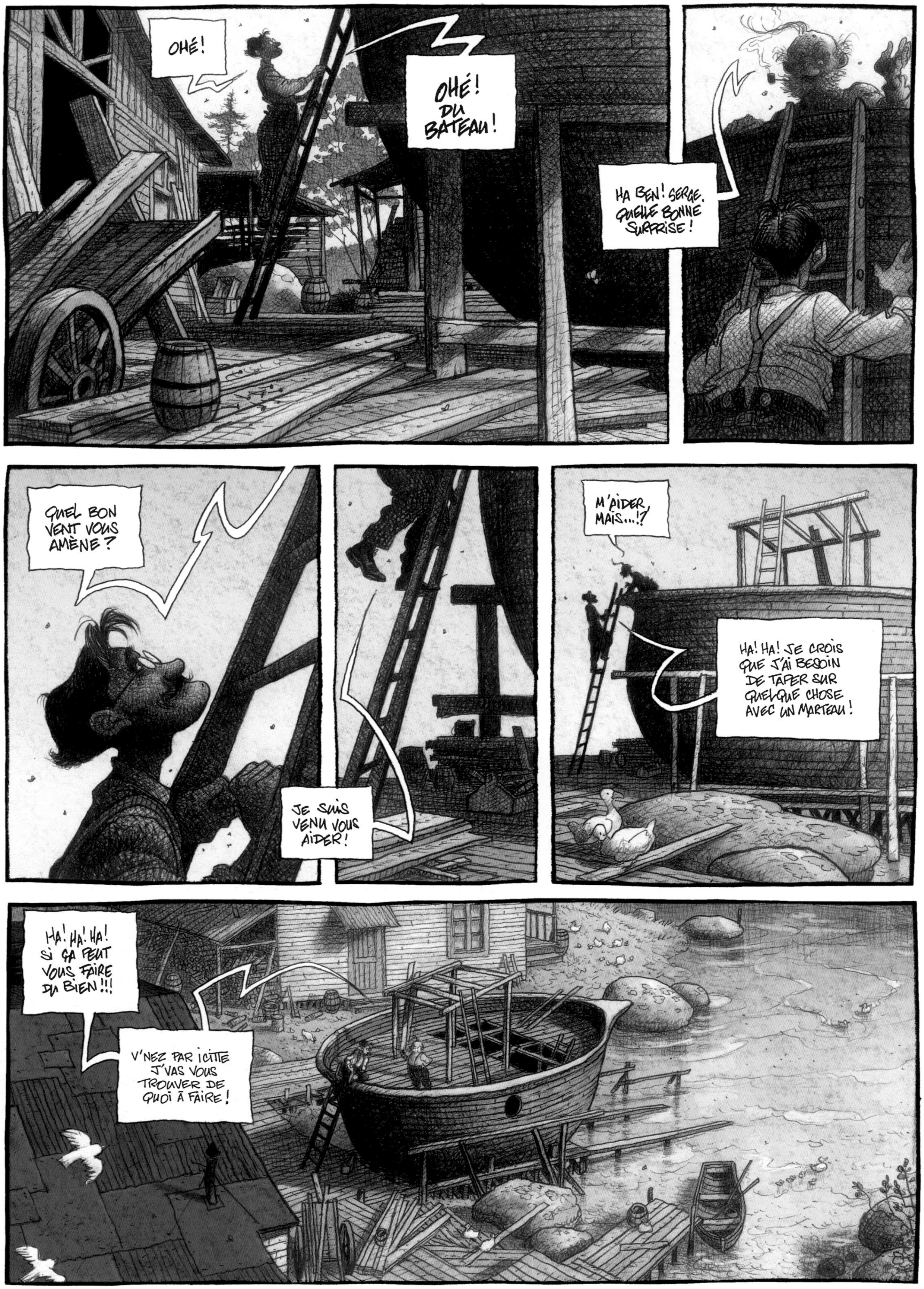
OHÉ!
OHÉ! DU BATEAU!
HA BEN! SERGE. QUELLE BONNE SURPRISE!
QUEL BON VENT VOUS AMÈNE?
JE SUIS VENU VOUS AIDER!
M'AIDER, MAIS...!?
HA! HA! JE CROIS QUE J'AI BESOIN DE TAPER SUR QUELQUE CHOSE AVEC UN MARTEAU!
HA! HA! HA! SI ÇA PEUT VOUS FAIRE DU BIEN!!!
V'NEZ PAR ICITTE J'VAS VOUS TROUVER DE QUOI À FAIRE!

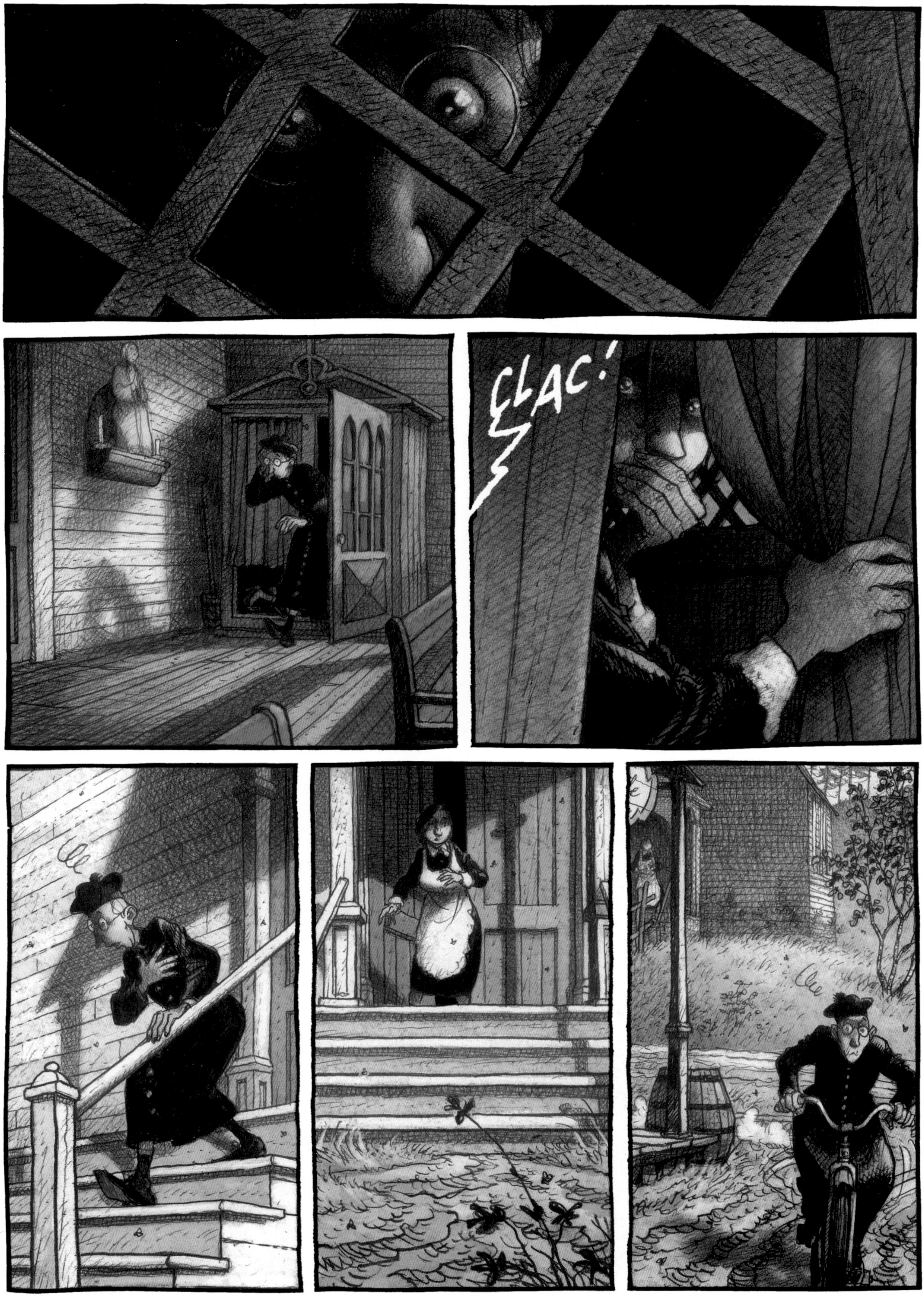
CLAC!

BLAM!
BLAM!
BLAM!
BLAM

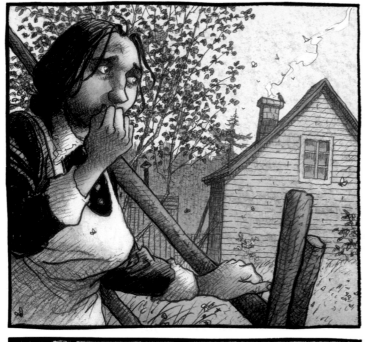

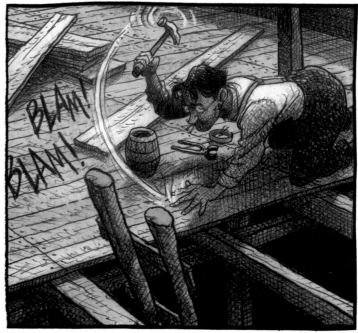

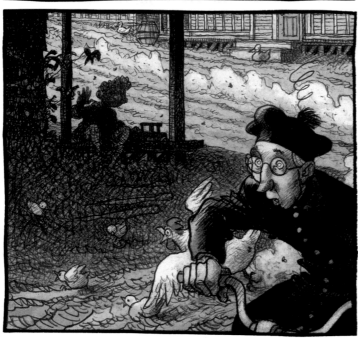

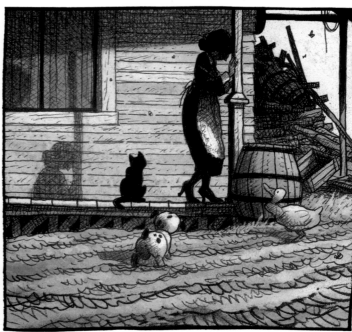

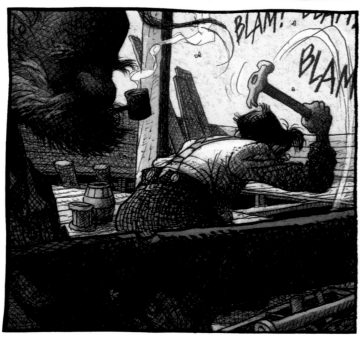

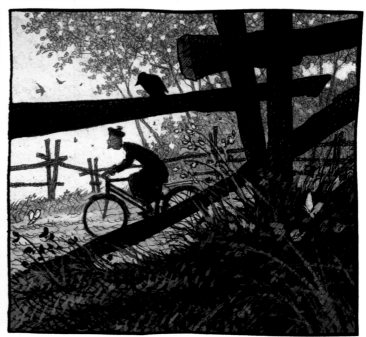

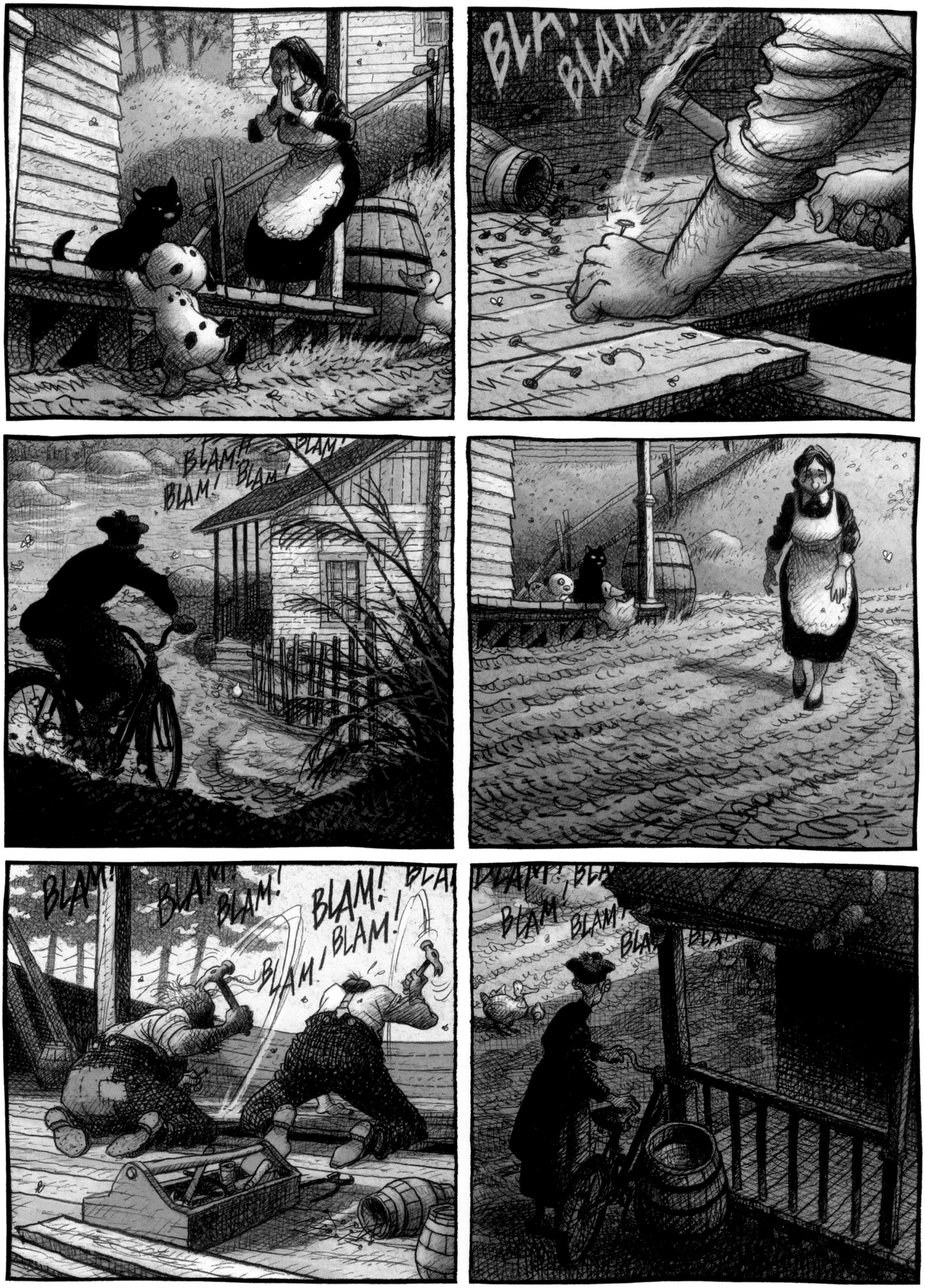
BLAM!
BLAM!
BLAM!
BLAM!
BLAM!
BLAM!
BLAM!
BLAM!
BLAM!
BLAM!
BLAM!
BLAM!
BLAM!
BLAM!
BLAM!

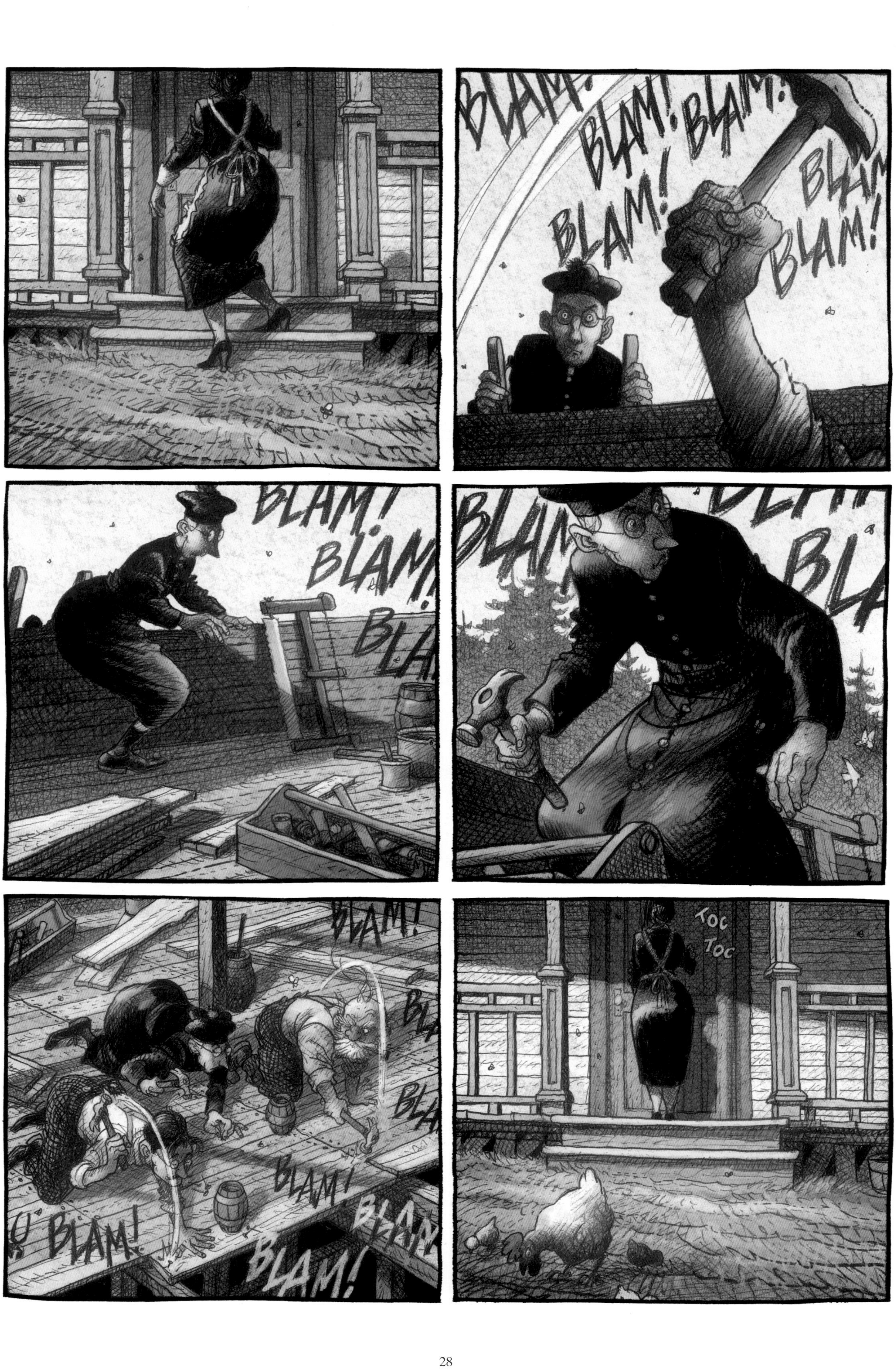
BLAM!
BLAM!
BLAM!
BLAM!
BLAM!
BLAM!
BLAM!
BLAM!
BLAM!
BLAM!
TOC
TOC

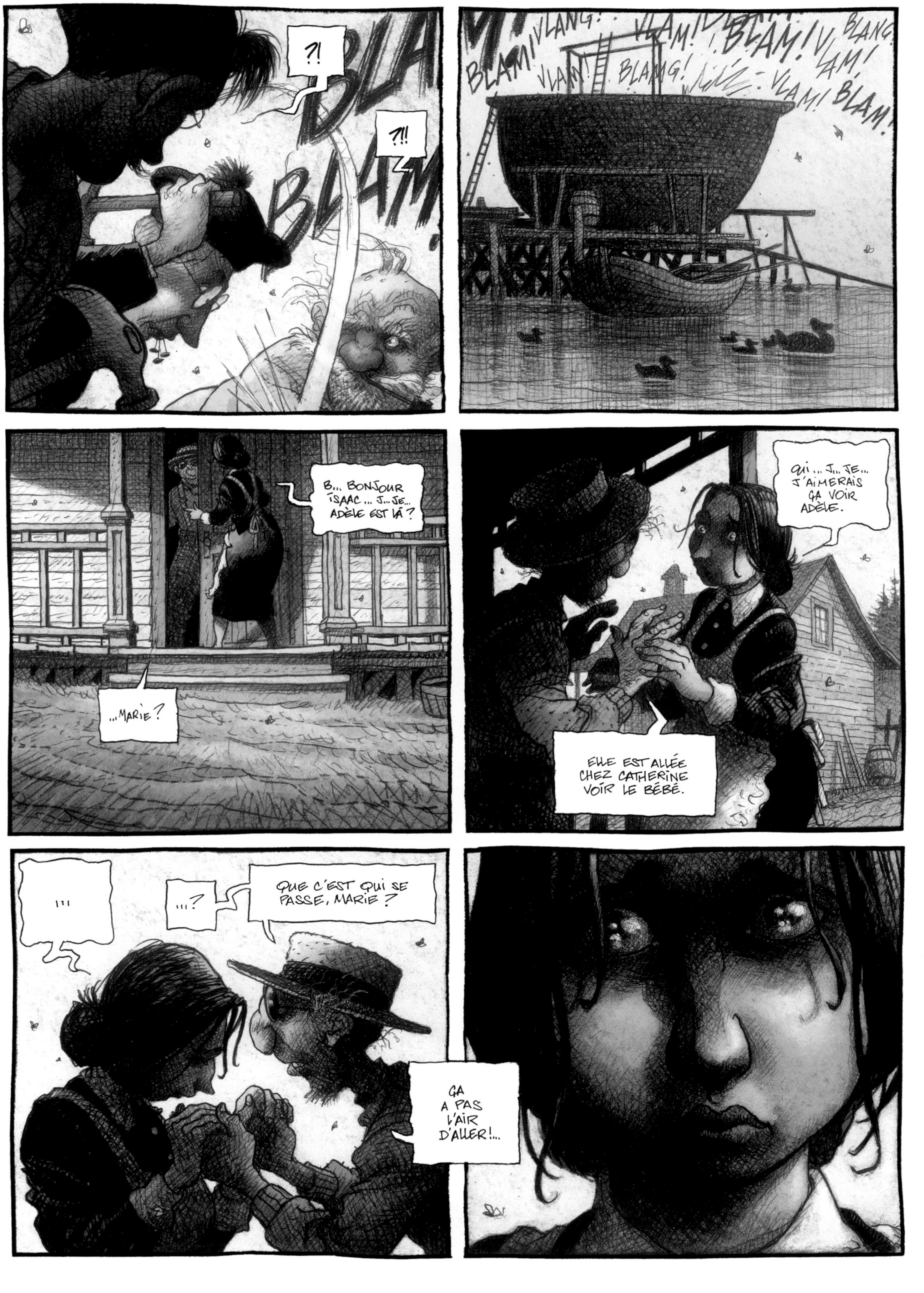
?!
?!!
BLAM
BLAM
VLANG!
VLAM!
BLAM!
BLAM!
VLAM!
BLAMG!
BLAM!
VLAM!
VLAM!
BLAM!
B... BONJOUR ISAAC... J... JE... ADÈLE EST LÀ?
...MARIE?
OUI... J... JE... J'AIMERAIS ÇA VOIR ADÈLE.
ELLE EST ALLÉE CHEZ CATHERINE VOIR LE BÉBÉ.
!!!
...?
QUE C'EST QUI SE PASSE, MARIE?
ÇA A PAS L'AIR D'ALLER!...

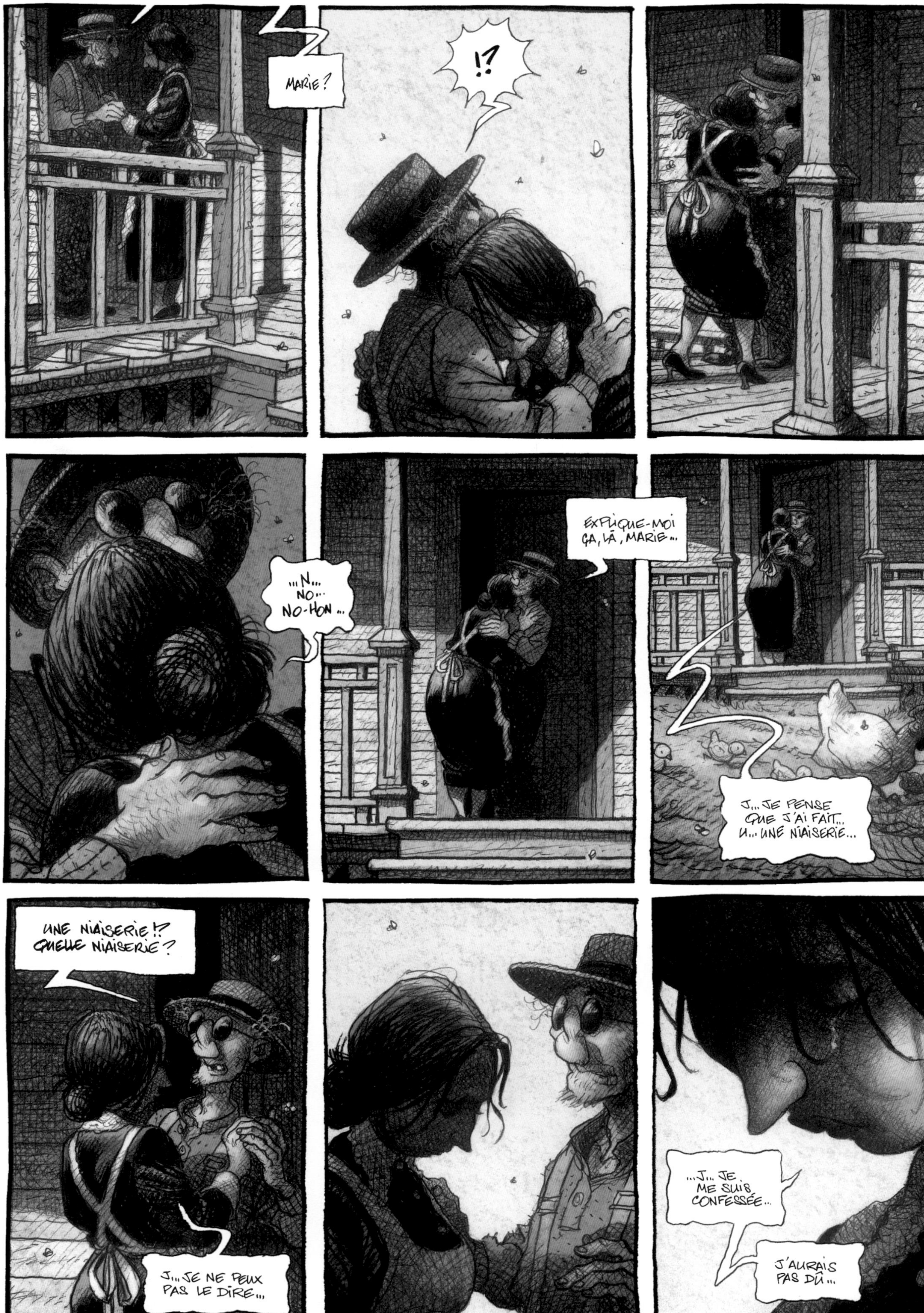
Marie?
!?
...N... NO... NO-HON...
Explique-moi ça, là, Marie...
J... je pense que j'ai fait... u... une niaiserie...
Une niaiserie!? Quelle niaiserie?
J... je ne peux pas le dire...
...J... je me suis confessée...
J'aurais pas dû...

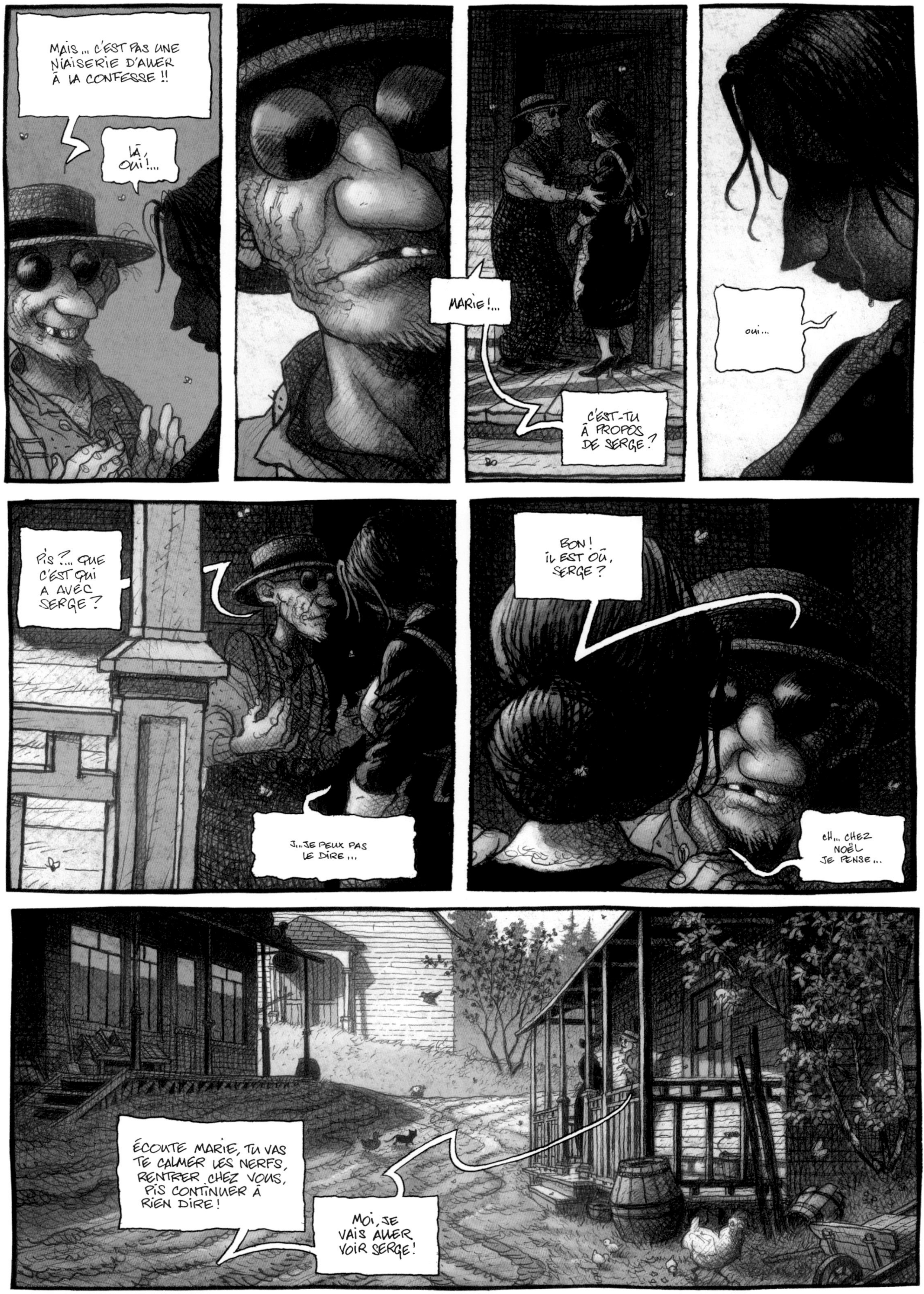
MAIS ... C'EST PAS UNE NIAISERIE D'ALLER À LA CONFESSE !!
LÀ, OUI !...
MARIE !...
C'EST-TU À PROPOS DE SERGE ?
oui...
PIS ?... QUE C'EST QUI A AVEC SERGE ?
J... JE PEUX PAS LE DIRE...
BON ! IL EST OÙ, SERGE ?
CH... CHEZ NOËL JE PENSE...
ÉCOUTE MARIE, TU VAS TE CALMER LES NERFS, RENTRER CHEZ VOUS, PIS CONTINUER À RIEN DIRE !
MOI, JE VAIS ALLER VOIR SERGE !

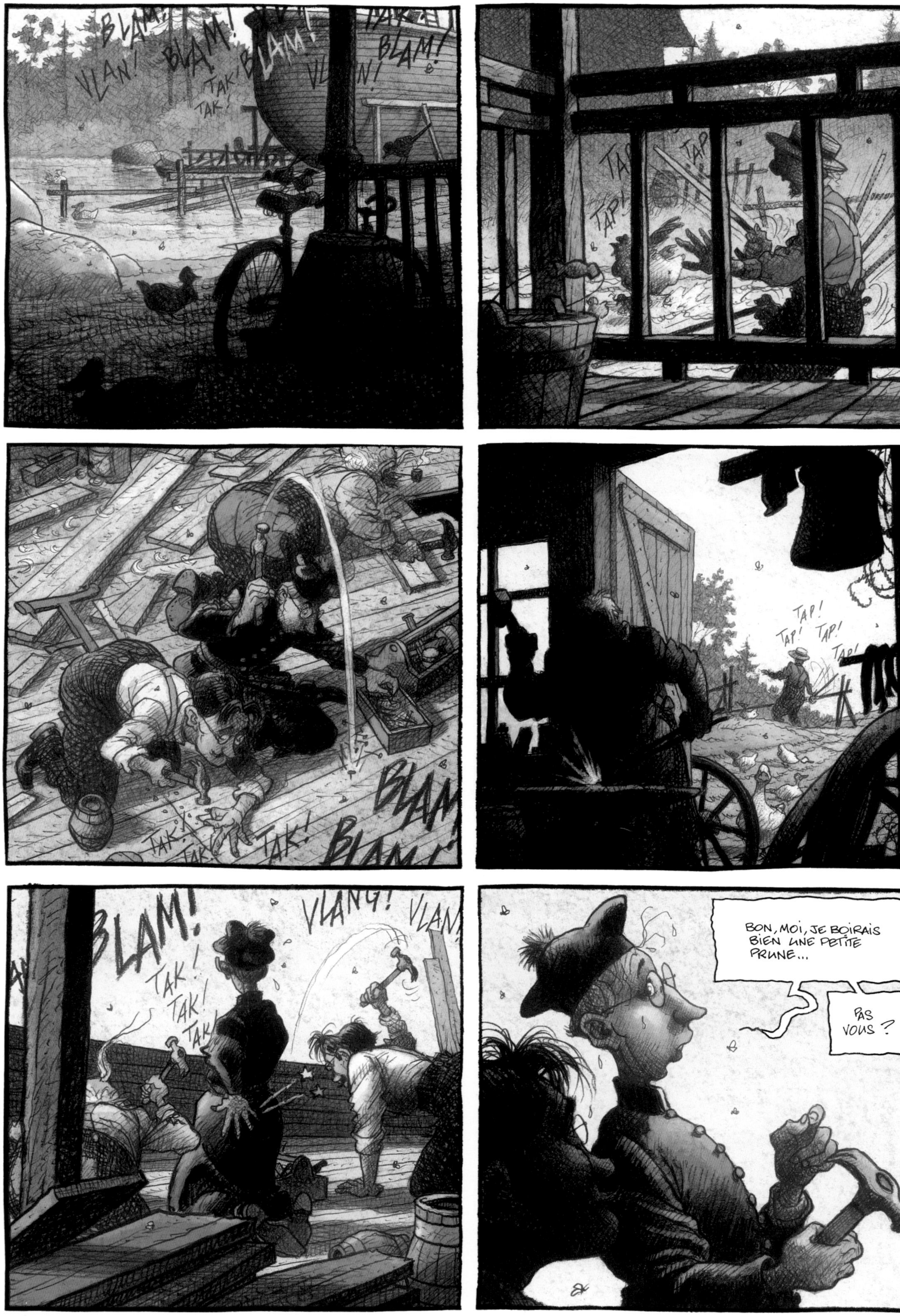
BLAM! BLAM! BLAM! BLAM! BLAM!
VLAN! VLAN!
TAK! TAK! TAK!
TAP! TAP! TAP!
TAK! TAK! TAK!
BLAM! BLAM!
TAP! TAP! TAP! TAP!
BLAM!
TAK! TAK! TAK!
VLANG! VLAN!
BON, MOI, JE BOIRAIS BIEN UNE PETITE PRUNE...
PAS VOUS ?

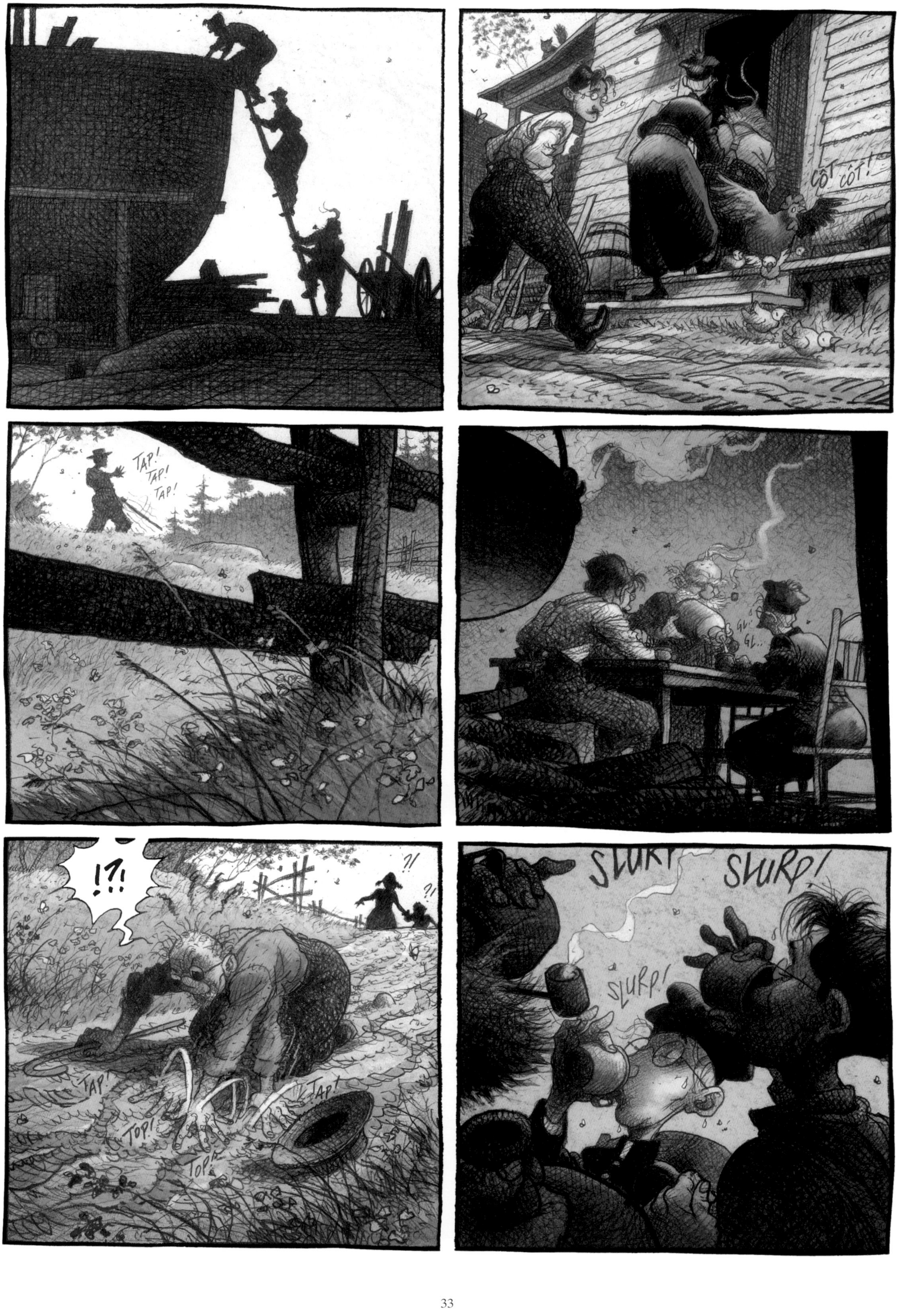
CÔT CÔT!
TAP!
TAP!
TAP!
GL..
GL..
!?!
?!
?!
TAP!
TAP!
TOP!
TOP!
SLURP!
SLURP!
SLURP!

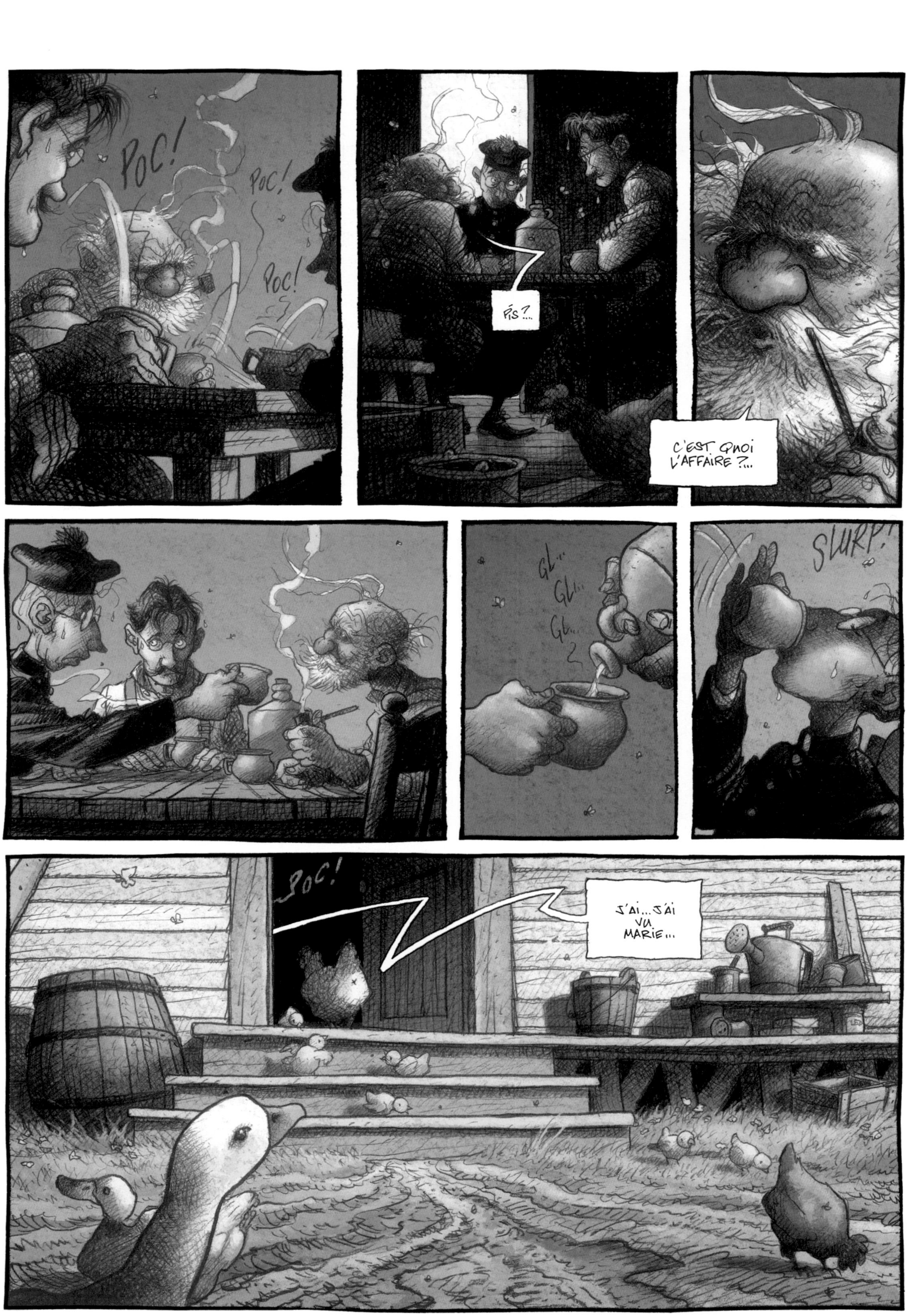
POC!
POC!
POC!
P'IS?...
C'EST QUOI L'AFFAIRE?...
GL..
GL..
GL..
SLURP!
POC!
J'AI... J'AI VU MARIE...

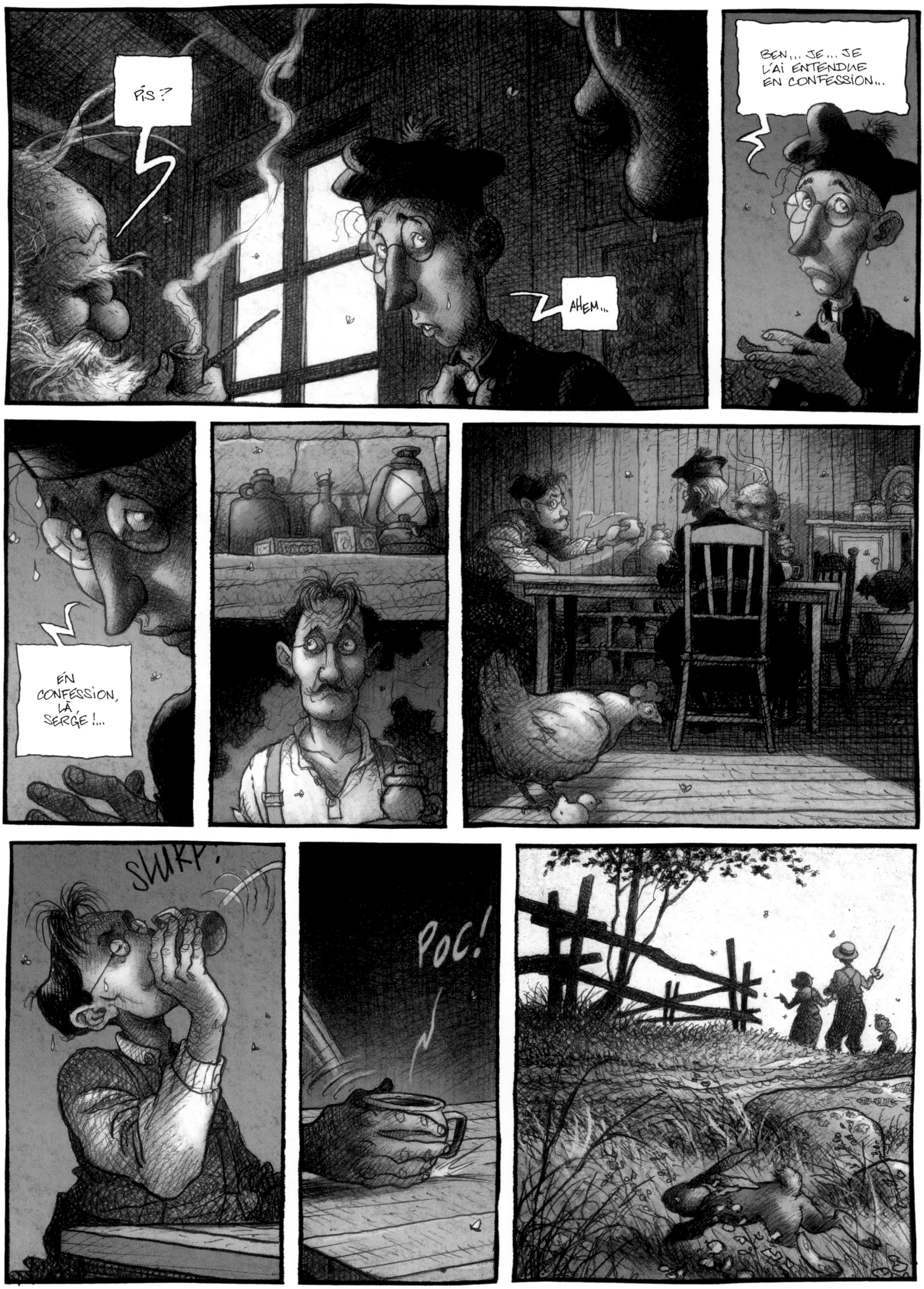
PIS ?
AHEM...
BEN... JE... JE L'AI ENTENDUE EN CONFESSION...
EN CONFESSION, LÀ, SERGE !...
SLURP !
POC !

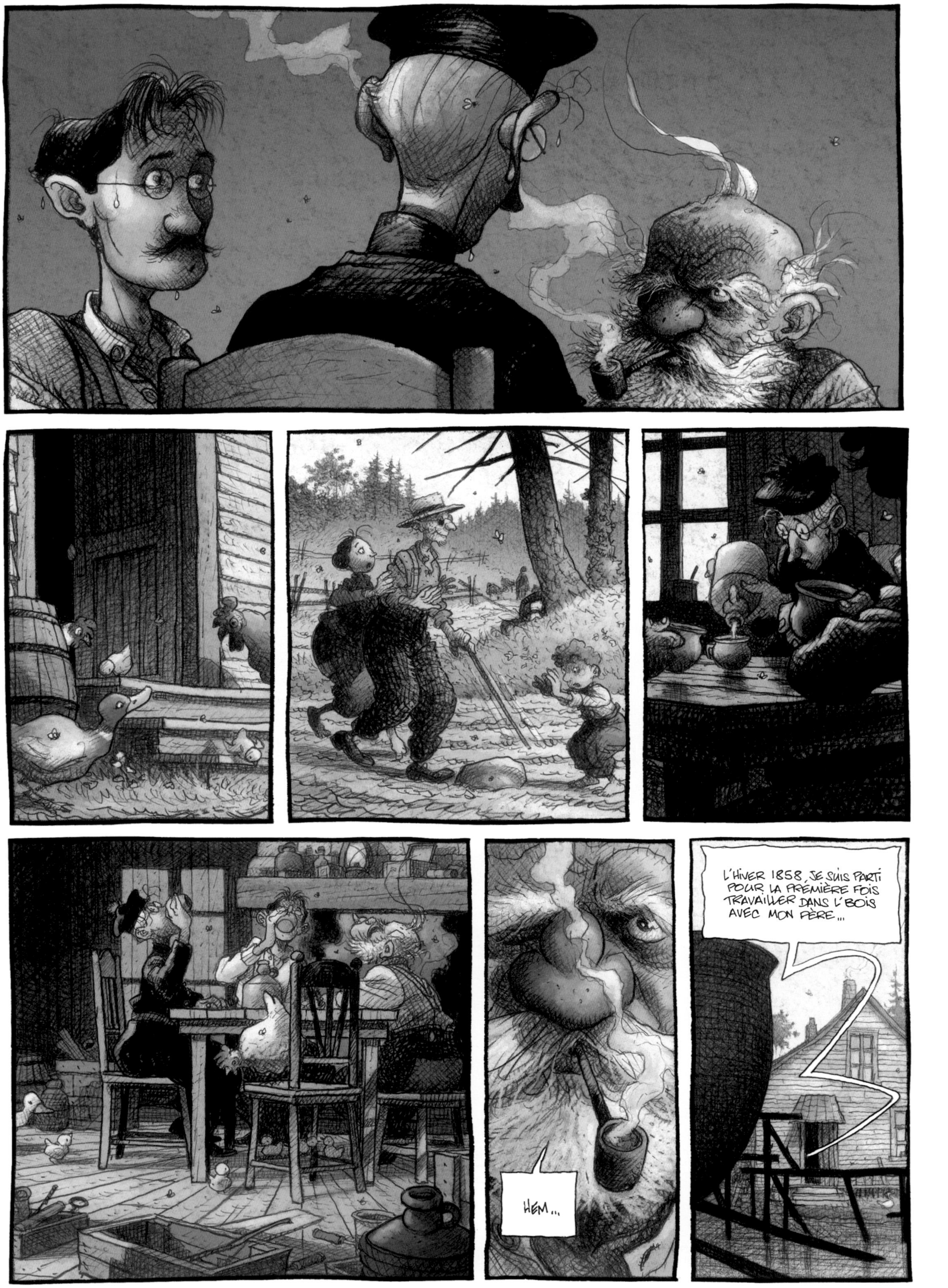
HEM...
L'HIVER 1858, JE SUIS PARTI POUR LA PRÉMIÈRE FOIS TRAVAILLER DANS L'BOIS AVEC MON PÈRE...

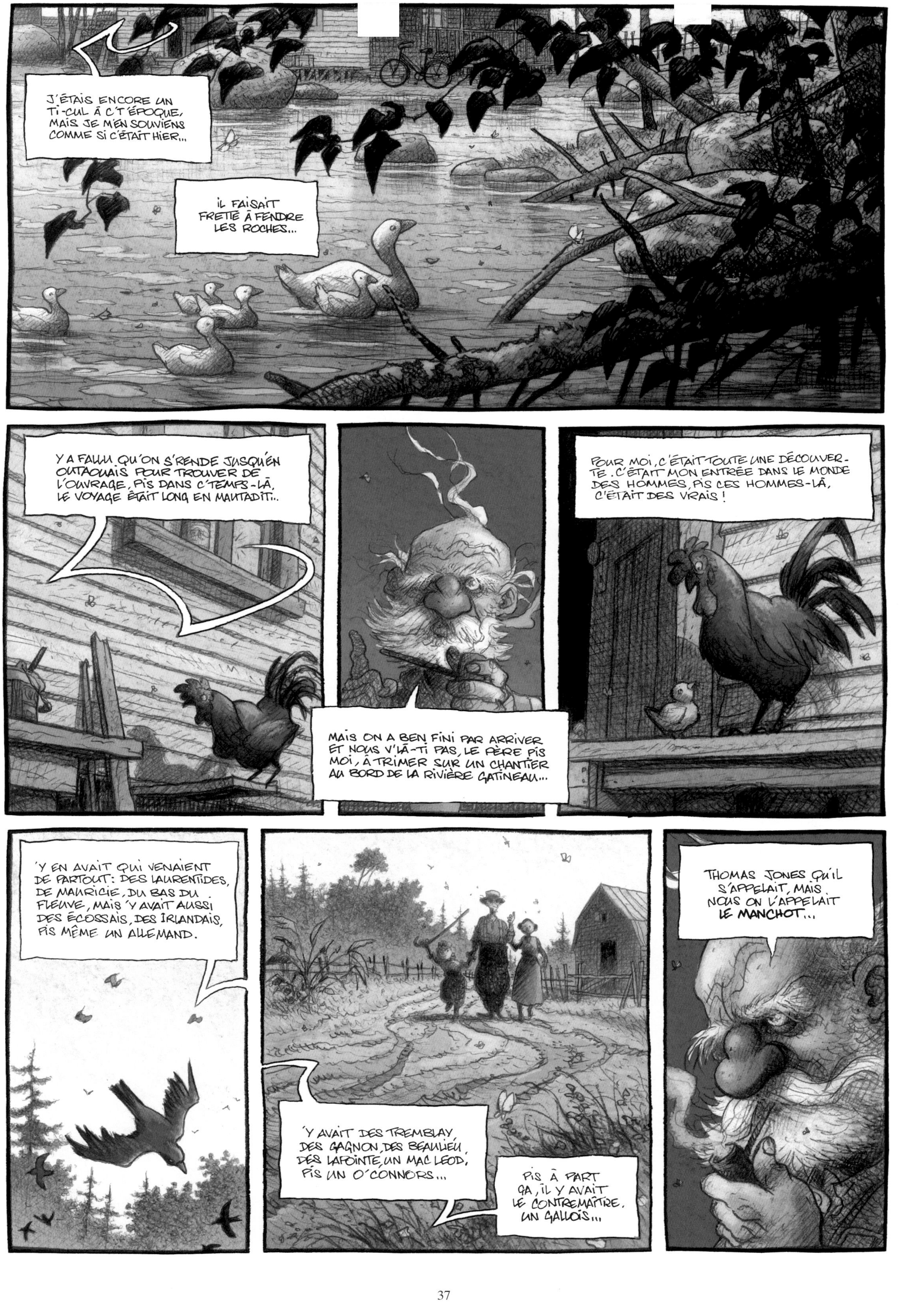
J'ÉTAIS ENCORE UN TI-CUL À C'T'ÉPOQUE, MAIS JE M'EN SOUVIENS COMME SI C'ÉTAIT HIER...
IL FAISAIT FRETTE À FENDRE LES ROCHES...
Y A FALLU QU'ON S'RENDE JUSQU'EN OUTAOUAIS POUR TROUVER DE L'OUVRAGE, PIS DANS C'TEMPS-LÀ, LE VOYAGE ÉTAIT LONG EN MAUTADIT...
MAIS ON A BEN FINI PAR ARRIVER ET NOUS V'LÀ-TI PAS, LE PÈRE PIS MOI, À TRIMER SUR UN CHANTIER AU BORD DE LA RIVIÈRE GATINEAU...
POUR MOI, C'ÉTAIT TOUTE UNE DÉCOUVERTE. C'ÉTAIT MON ENTRÉE DANS LE MONDE DES HOMMES, PIS CES HOMMES-LÀ, C'ÉTAIT DES VRAIS !
'Y EN AVAIT QUI VENAIENT DE PARTOUT : DES LAURENTIDES, DE MAURICIE, DU BAS DU FLEUVE, MAIS 'Y AVAIT AUSSI DES ÉCOSSAIS, DES IRLANDAIS, PIS MÊME UN ALLEMAND.
'Y AVAIT DES TREMBLAY, DES GAGNON, DES BEAULIEU, DES LAPOINTE, UN MAC LEOD, PIS UN O'CONNORS...
PIS À PART ÇA, IL Y AVAIT LE CONTREMAÎTRE, UN GALLOIS...
THOMAS JONES QU'IL S'APPELAIT, MAIS NOUS ON L'APPELAIT **LE MANCHOT**...

MÉCHANT COMME LE YABLE !

Y AVAIT PERDU UN BRAS RAPPORT À LA GANGRÈNE. UN COUP D'COUTEAU DANS UNE BATAILLE AVEC UN COUREUR DES BOIS DE NATASHQUAN, UN COLOSSE QU'ON APPELAIT LA FRAMBOISE.

ÇA FAIT QU'DEPUIS ÇA, IL LE FAISAIT PAYER À TOUT CEUX QUI AVAIENT UN NOM FRANÇAIS.

MOI, JE TRAVAILLAIS À LA CANTINE.

J'M'OCCUPAIS D'ENTRETENIR LE FEU... UN JOUR, LE MANCHOT ME GUEULE APRÈS POUR QUE J'Y PRÉPARE DU THÉ... J'AVAIS LES BRAS PLEINS DE BÛCHES POUR LE FEU QUI ÉTAIT SUR L'BORD DE S'ÉTEINDRE...

ÇA FAIT QUE J'Y RÉPONDS QU'Y FAUT QUE J'FINISSE MA JOB AVANT...

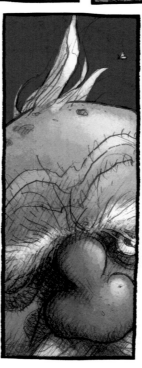

TOUT D'UN COUP, LE MANCHOT S'LÈVE DE SON BANC, PIS Y M'GARROCHE UN COUP D'PIED ! **PAF !**

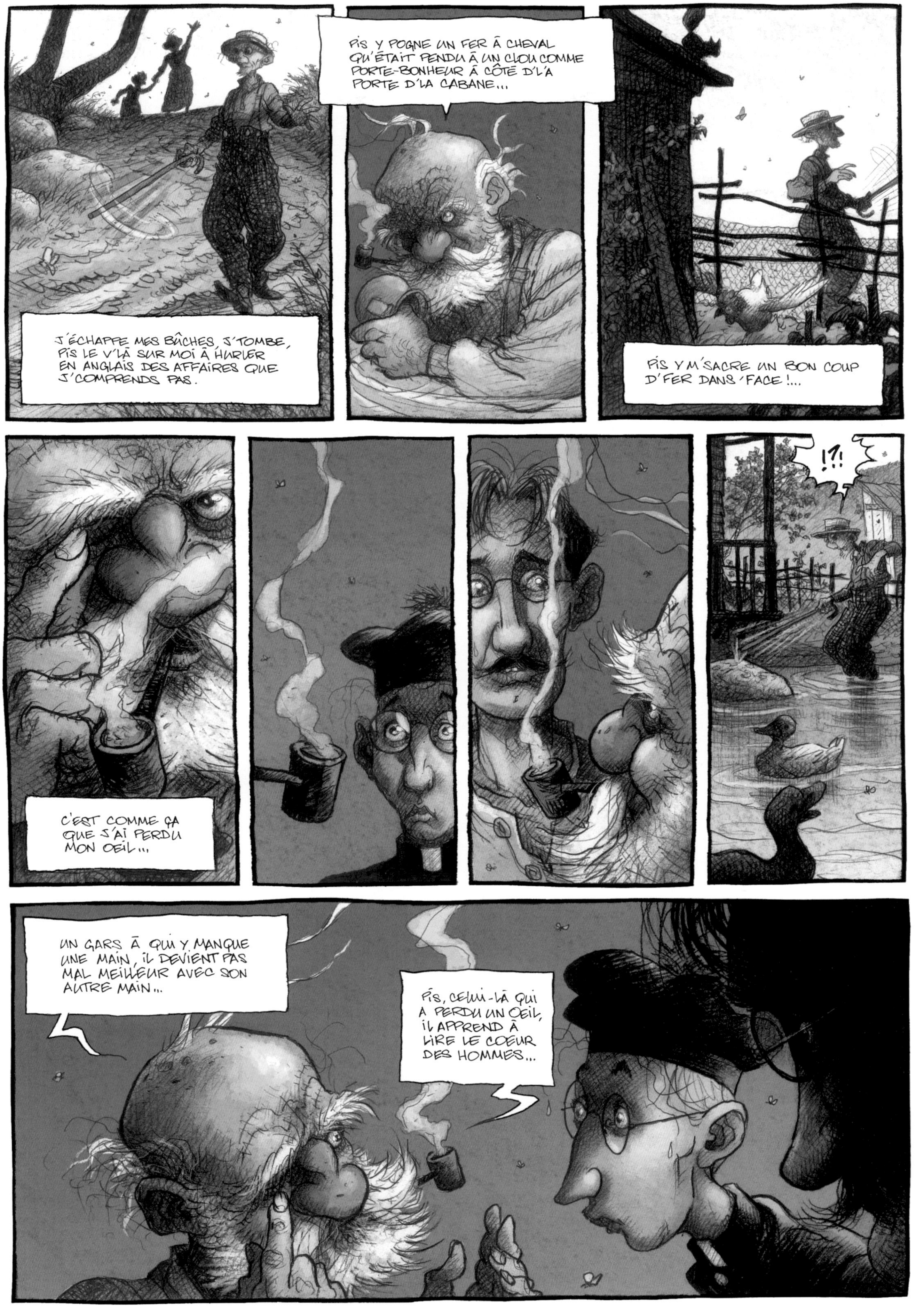
J'ÉCHAPPE MES BÛCHES, J'TOMBE, PIS LE V'LÀ SUR MOI À HURLER EN ANGLAIS DES AFFAIRES QUE J'COMPRENDS PAS.
PIS Y POGNE UN FER À CHEVAL QU'ÉTAIT PENDU À UN CLOU COMME PORTE-BONHEUR À CÔTÉ D'LA PORTE D'LA CABANE...
PIS Y M'SACRE UN BON COUP D'FER DANS 'FACE !...
C'EST COMME ÇA QUE J'AI PERDU MON OEIL...
!?!
UN GARS À QUI Y MANQUE UNE MAIN, IL DEVIENT PAS MAL MEILLEUR AVEC SON AUTRE MAIN...
PIS, CELUI-LÀ QUI A PERDU UN OEIL, IL APPREND À LIRE LE COEUR DES HOMMES...

ÇA FAIT QUE COUDONC, LÀ!...

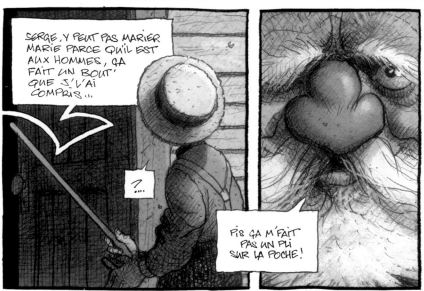

SERGE, Y PEUT PAS MARIER MARIE PARCE QU'IL EST AUX HOMMES, ÇA FAIT UN BOUT' QUE J'L'AI COMPRIS...

?...

PIS ÇA M'FAIT PAS UN PLI SUR LA POCHE!

...MON SERGE...

Y AURA TOUJOURS UNE SHOTT DE PRUNE PIS UN MARTEAU POUR TOI ICITTE, PIS J'TE L'DIS...

TANT QU'À MOI, T'ÉS UN BON GARS...

UN BORGNE ÇA SAIT DES AFFAIRES, LÀ!

PIS UN AVEUGLE, ÇA L'SAIT-TU D'APRÈS VOUS AUTRES?

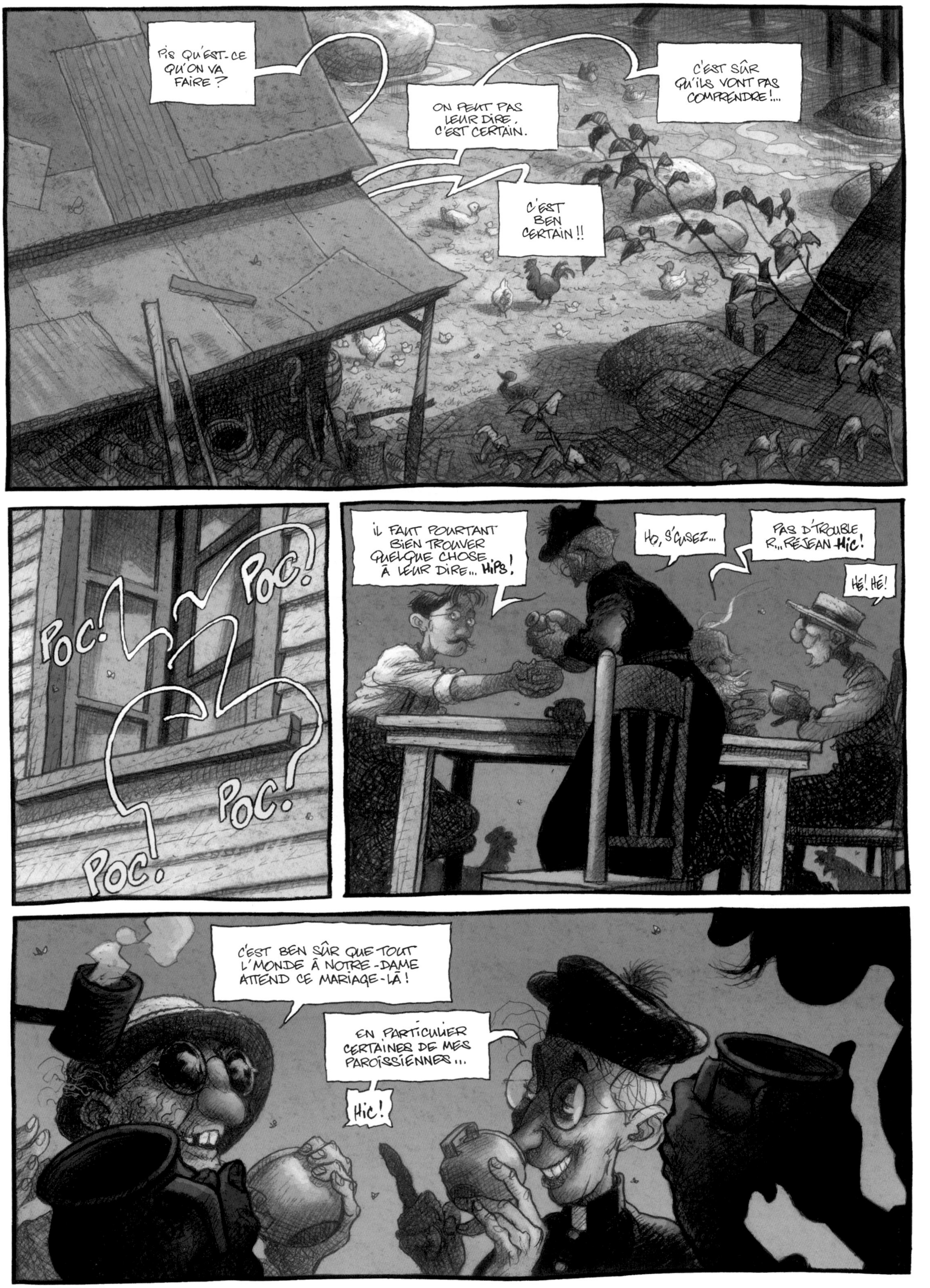
PIS QU'EST-CE QU'ON VA FAIRE ?
ON PEUT PAS LEUR DIRE, C'EST CERTAIN.
C'EST SÛR QU'ILS VONT PAS COMPRENDRE !...
C'EST BEN CERTAIN !!
POC ! POC ! POC ! POC !
IL FAUT POURTANT BIEN TROUVER QUELQUE CHOSE À LEUR DIRE... HIPS !
HO, S'CUSEZ...
PAS D'TROUBLE R... RÉJEAN HIC !
HÉ ! HÉ !
C'EST BEN SÛR QUE TOUT L'MONDE À NOTRE-DAME ATTEND CE MARIAGE-LÀ !
EN PARTICULIER CERTAINES DE MES PAROISSIENNES...
HIC !

COUDONC, RÉJEAN, QU'ELLES AILLENT AU DIABLE CES TROIS VIEILLES - HIC! CHOUETTES!

E... ELLES VONT PAS...

NON, NOËL! LES CHOSES NE PEUVENT PAS RESTER DE... HIC! MÊME:

IL FAUT TROUVER UNE SOLUTION!

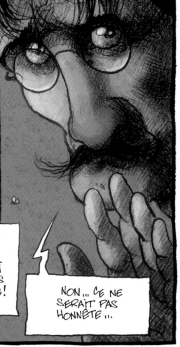

BEN COUDONC, S... SERGE! MARIE-LA DONC! HIPS!

'Y A PAS PERSONNE QUI VA ALLER VOIR C'QUI S'PASSE DANS VOT'LIT! HIC!

NON... CE NE SERAIT PAS HONNÊTE...

MARIE DOIT FAIRE SA VIE. EXCUSEZ-MOI MONSIEUR LE CURÉ MAIS COMMENT DIRE...

J... JE... ELLE MÉRITE BIEN D'AVOIR UN V'RAI MARI.

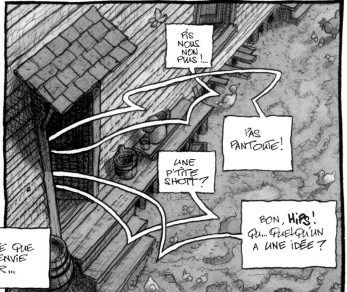

NON... JE NE VOIS QU'UNE SOLUTION, MES AMIS...

C'EST QUE JE PARTE...

C'EST JUSTE QUE T'AS PAS ENVIE DE PARTIR...

PIS NOUS NON PLUS!...

UNE P'TITE SHOTT?

PAS PANTOUTE!

BON, HIPS! QU... QUELQU'UN A UNE IDÉE?

42

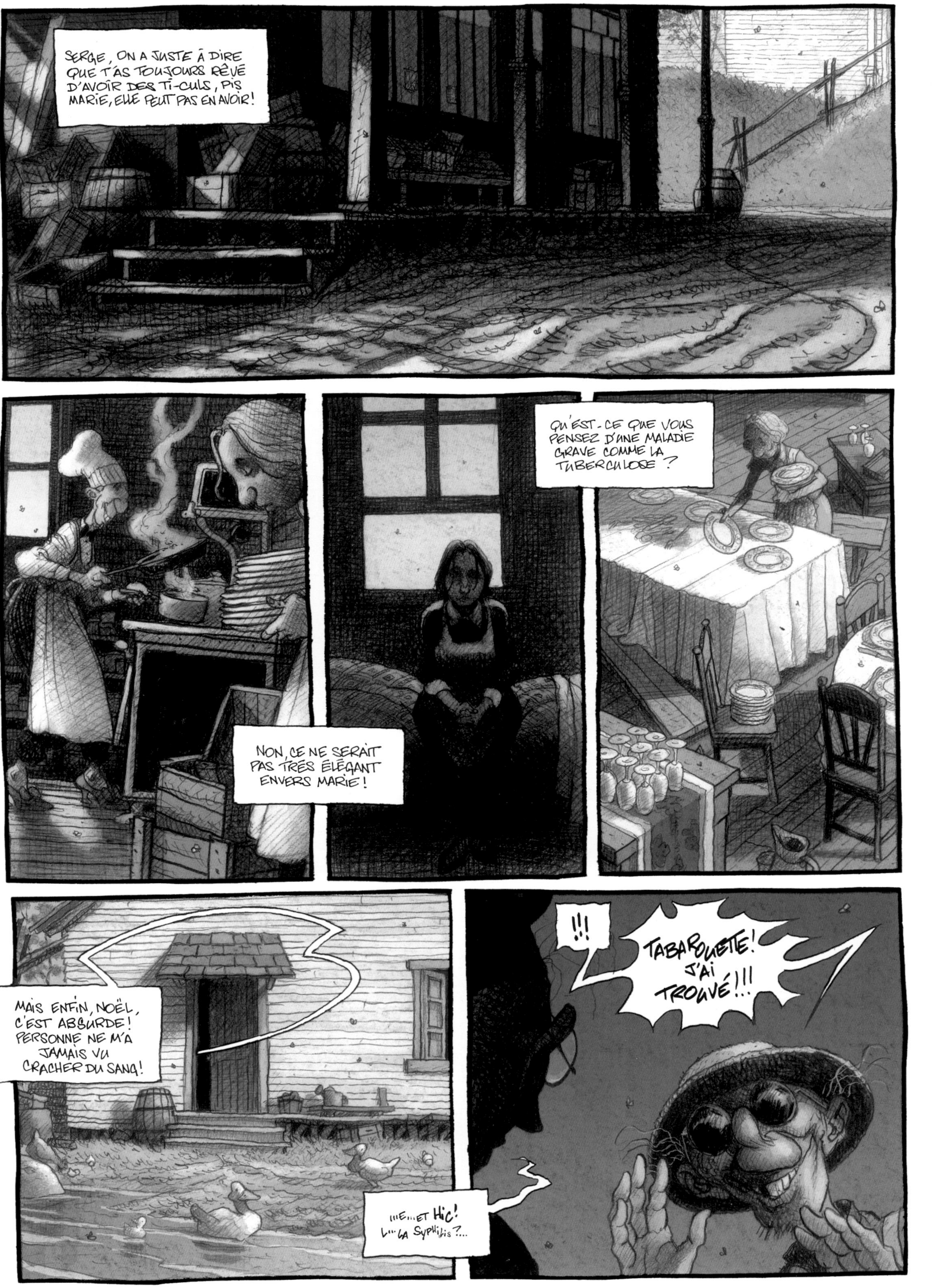
SERGE, ON A JUSTE À DIRE QUE T'AS TOUJOURS RÊVÉ D'AVOIR DES TI-CULS, PIS MARIE, ELLE PEUT PAS EN AVOIR!
NON, CE NE SERAIT PAS TRÈS ÉLÉGANT ENVERS MARIE!
QU'EST-CE QUE VOUS PENSEZ D'UNE MALADIE GRAVE COMME LA TUBERCULOSE?
MAIS ENFIN, NOËL, C'EST ABSURDE! PERSONNE NE M'A JAMAIS VU CRACHER DU SANG!
...E... ET HIC! L... LA SYPHILIS?...
!!!
TABAROUETTE! J'AI TROUVÉ!!!

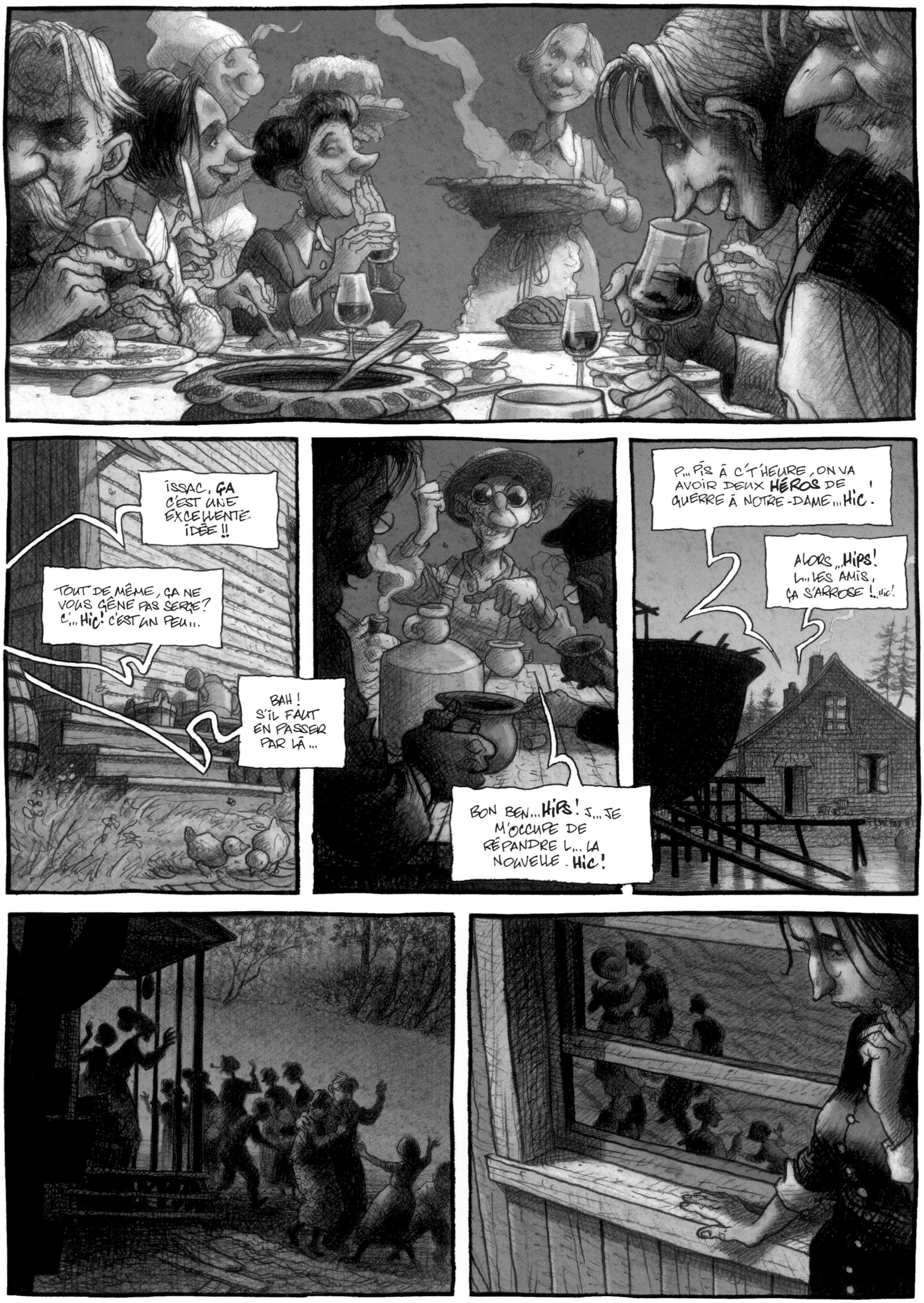
ISSAC, ÇA C'EST UNE EXCELLENTE IDÉE !!
TOUT DE MÊME, ÇA NE VOUS GÊNE PAS SERGE? C'... HIC! C'EST UN PEU...
BAH ! S'IL FAUT EN PASSER PAR LÀ...
BON BEN... HIPS! J... JE M'OCCUPE DE RÉPANDRE L... LA NOUVELLE. HIC!
P... PIS À C'T'HEURE, ON VA AVOIR DEUX HÉROS DE GUERRE À NOTRE-DAME... HIC!
ALORS... HIPS! L... LES AMIS, ÇA S'ARROSE !.. HIC!

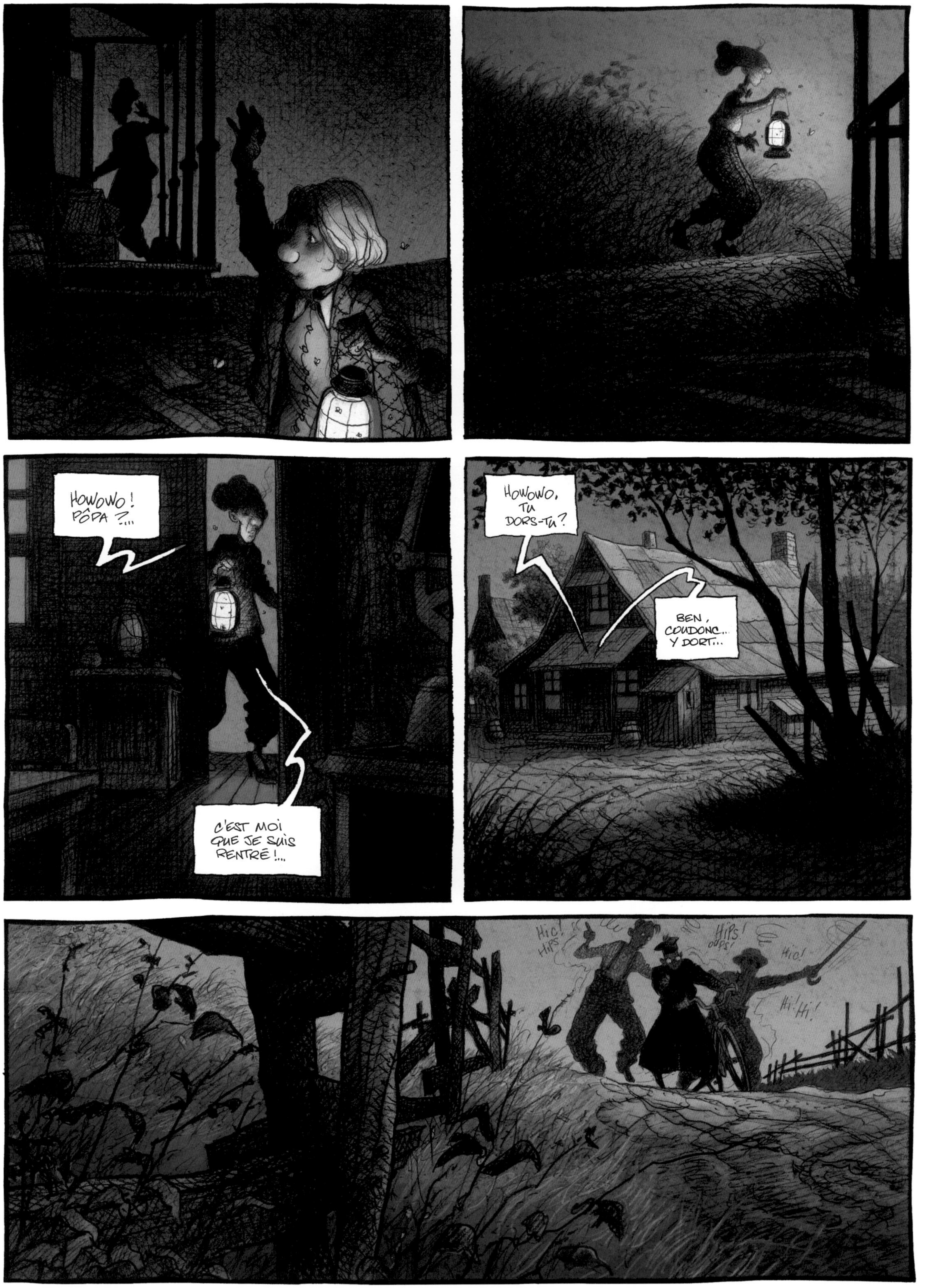
HOWOWO ! PÔPA ?...
C'EST MOI QUE JE SUIS RENTRÉ !...
HOWOWO, TU DORS-TU ?
BEN, COUDONC... Y DORT...
Hic! Hips!
Hips! Oups!
Hic!
Hi! Hi!

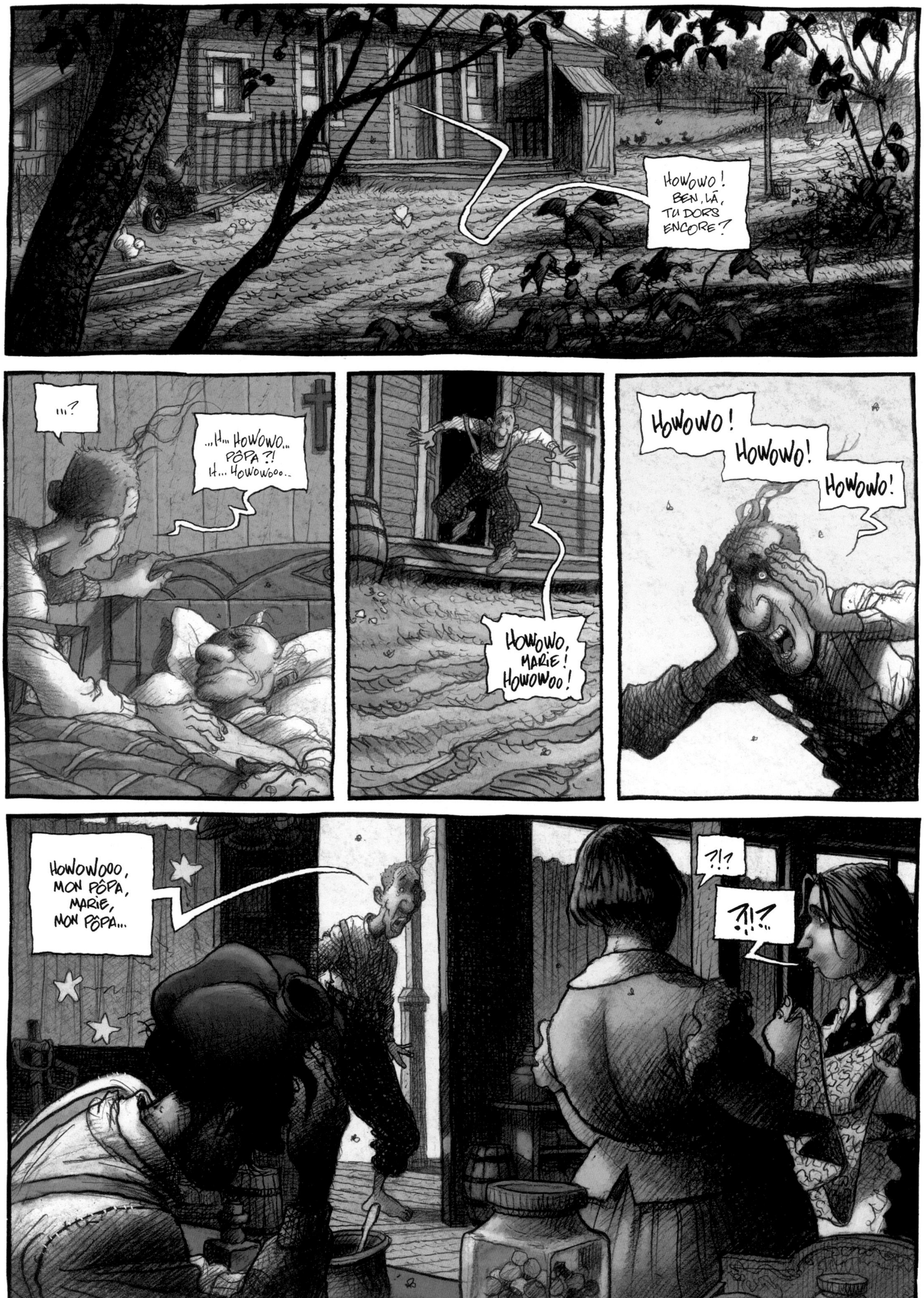
HOWOWO ! BEN, LÀ, TU DORS ENCORE ?
...?
...H... HOWOWO... PÔPA ?! H... HOWOWOO...
HOWOWO, MARIE ! HOWOWOO !
HOWOWO !
HOWOWO!
HOWOWO!
HOWOWOO, MON PÔPA, MARIE, MON PÔPA...
?!?
?!?

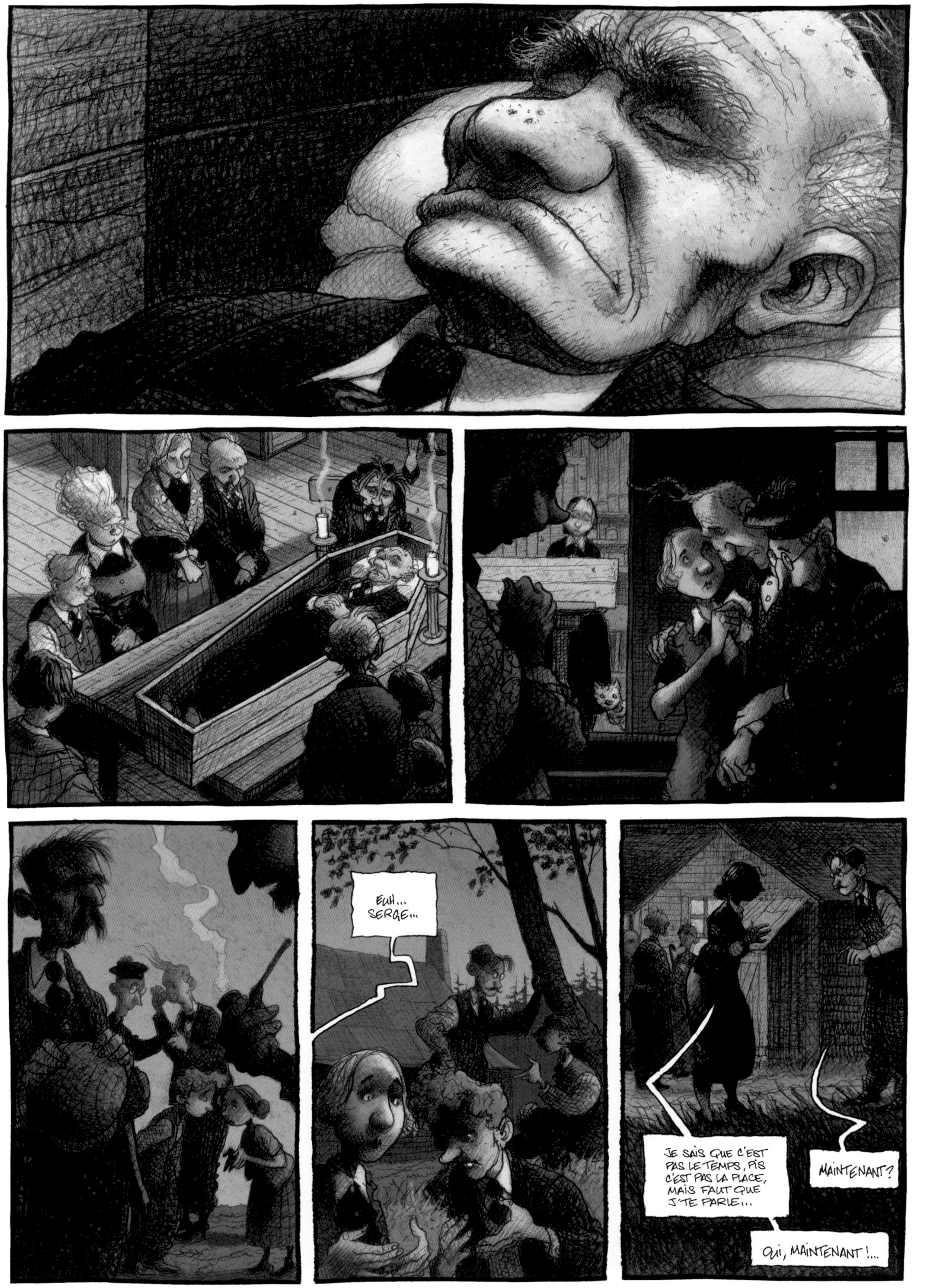
EUH... SERGE...
JE SAIS QUE C'EST PAS LE TEMPS, PIS C'EST PAS LA PLACE, MAIS FAUT QUE J'TE PARLE...
MAINTENANT?
OUI, MAINTENANT!...

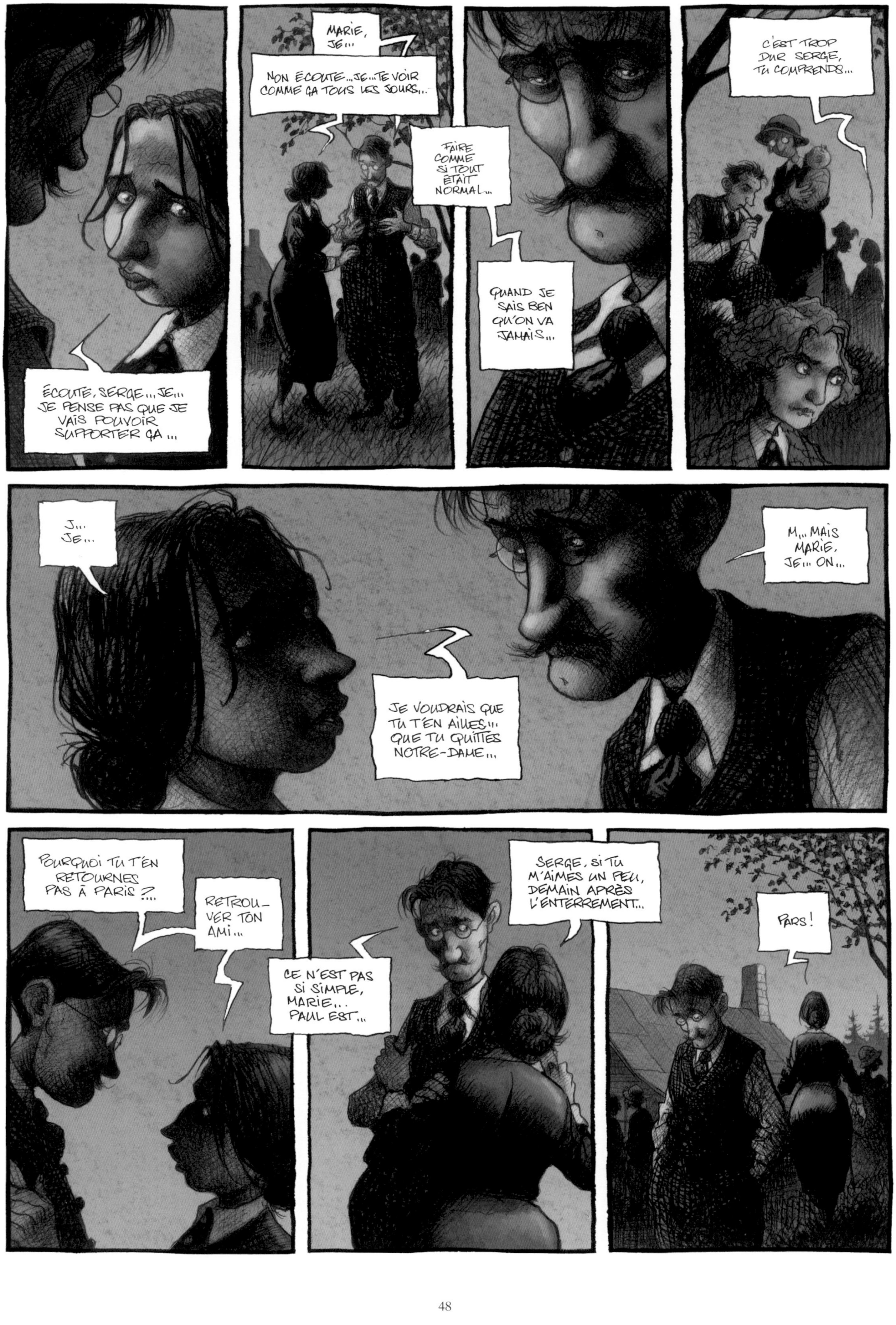
ÉCOUTE, SERGE... JE... JE PENSE PAS QUE JE VAIS POUVOIR SUPPORTER ÇA...
MARIE, JE...
NON ÉCOUTE... JE... TE VOIR COMME ÇA TOUS LES JOURS...
FAIRE COMME SI TOUT ÉTAIT NORMAL...
QUAND JE SAIS BEN QU'ON VA JAMAIS...
C'EST TROP DUR SERGE, TU COMPRENDS...
J... JE...
M... MAIS MARIE, JE... ON...
JE VOUDRAIS QUE TU T'EN AILLES... QUE TU QUITTES NOTRE-DAME...
POURQUOI TU T'EN RETOURNES PAS À PARIS ?...
RETROUVER TON AMI...
CE N'EST PAS SI SIMPLE, MARIE... PAUL EST...
SERGE, SI TU M'AIMES UN PEU, DEMAIN APRÈS L'ENTERREMENT...
PARS !

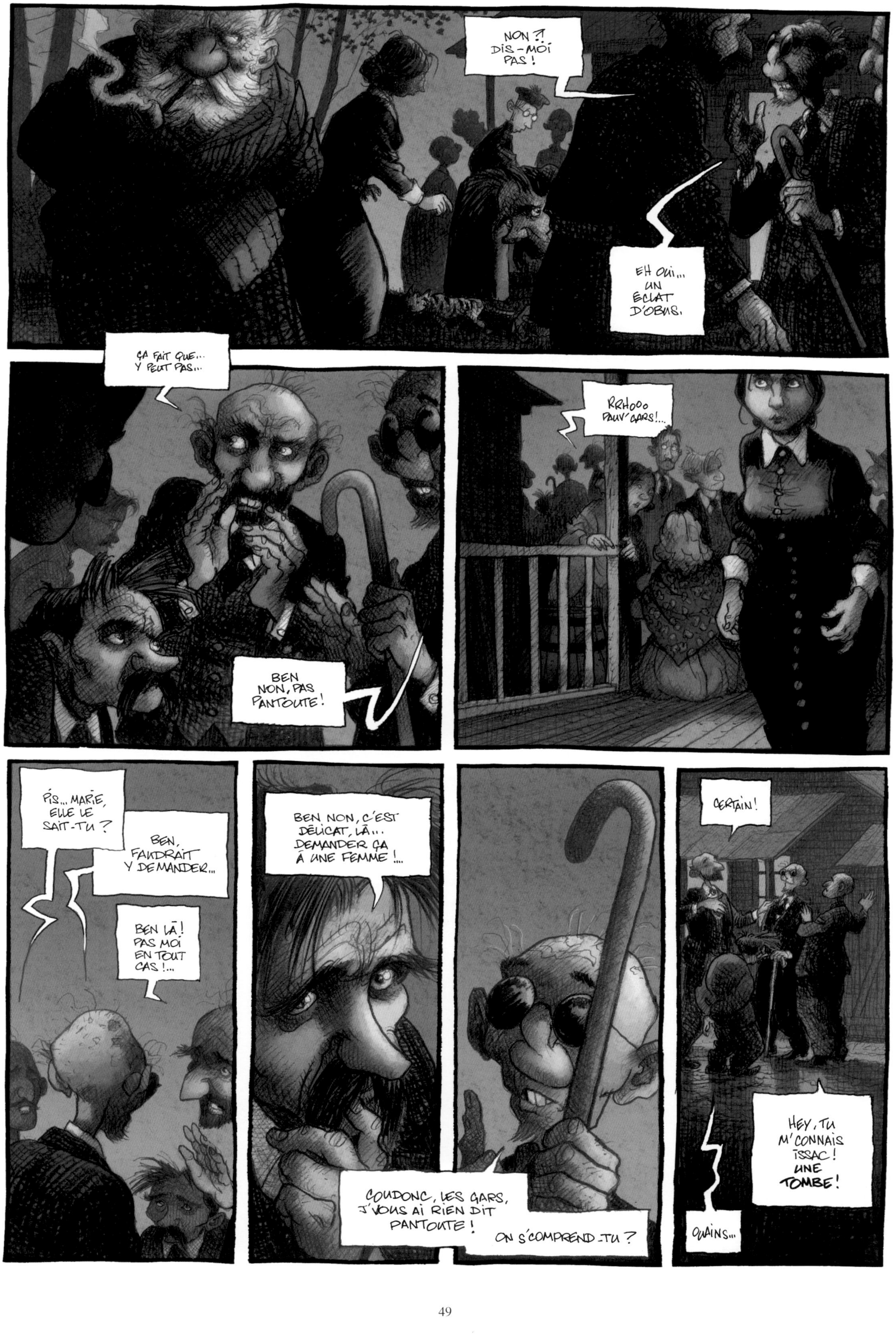
NON ?! DIS-MOI PAS !
EH OUI... UN ÉCLAT D'OBUS.
ÇA FAIT QUE... Y PEUT PAS...
BEN NON, PAS PANTOUTE !
RRHOOO PAUV'GARS !...
PIS... MARIE, ELLE LE SAIT-TU ?
BEN, FAUDRAIT Y DEMANDER...
BEN LÀ ! PAS MOI EN TOUT CAS !...
BEN NON, C'EST DÉLICAT, LÀ... DEMANDER ÇA À UNE FEMME !...
COUDONC, LES GARS, J'VOUS AI RIEN DIT PANTOUTE !
ON S'COMPREND-TU ?
CERTAIN !
HEY, TU M'CONNAIS ISSAC ! UNE TOMBE !
OUAINS...

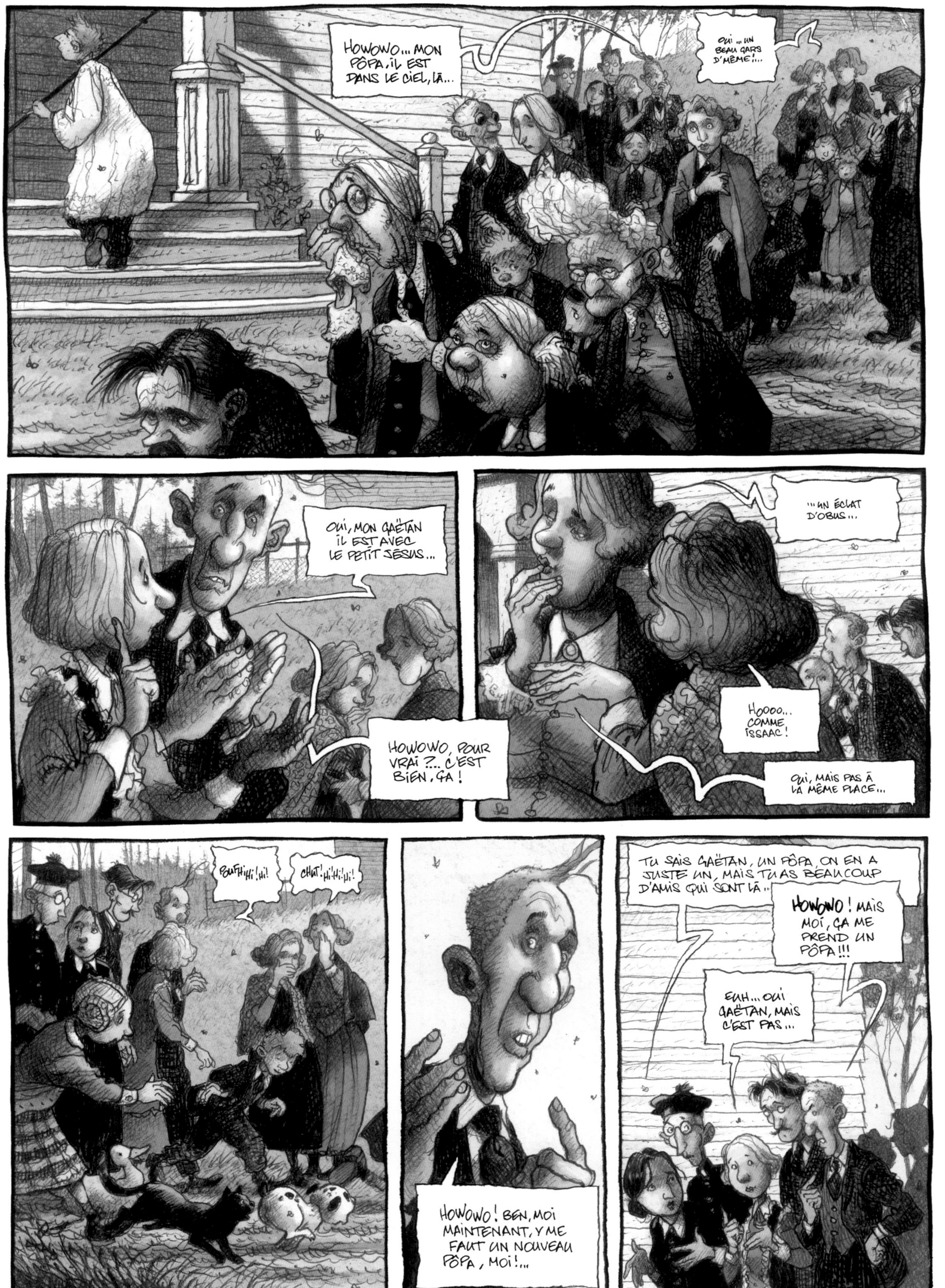
HOWOWO... MON PÔPA, IL EST DANS LE CIEL, LÀ...
OUI... UN BEAU GARS D'MÊME!...
OUI, MON GAËTAN IL EST AVEC LE PETIT JÉSUS...
HOWOWO, POUR VRAI?... C'EST BIEN, ÇA!
...UN ÉCLAT D'OBUS...
HOOOO... COMME ISSAAC!
OUI, MAIS PAS À LA MÊME PLACE...
POUF! HI! HI!
CHUT! HI! HI! HI!
HOWOWO! BEN, MOI MAINTENANT, Y ME FAUT UN NOUVEAU PÔPA, MOI!...
TU SAIS GAËTAN, UN PÔPA, ON EN A JUSTE UN, MAIS TU AS BEAUCOUP D'AMIS QUI SONT LÀ...
HOWOWO! MAIS MOI, ÇA ME PREND UN PÔPA!!!
EUH... OUI GAËTAN, MAIS C'EST PAS...

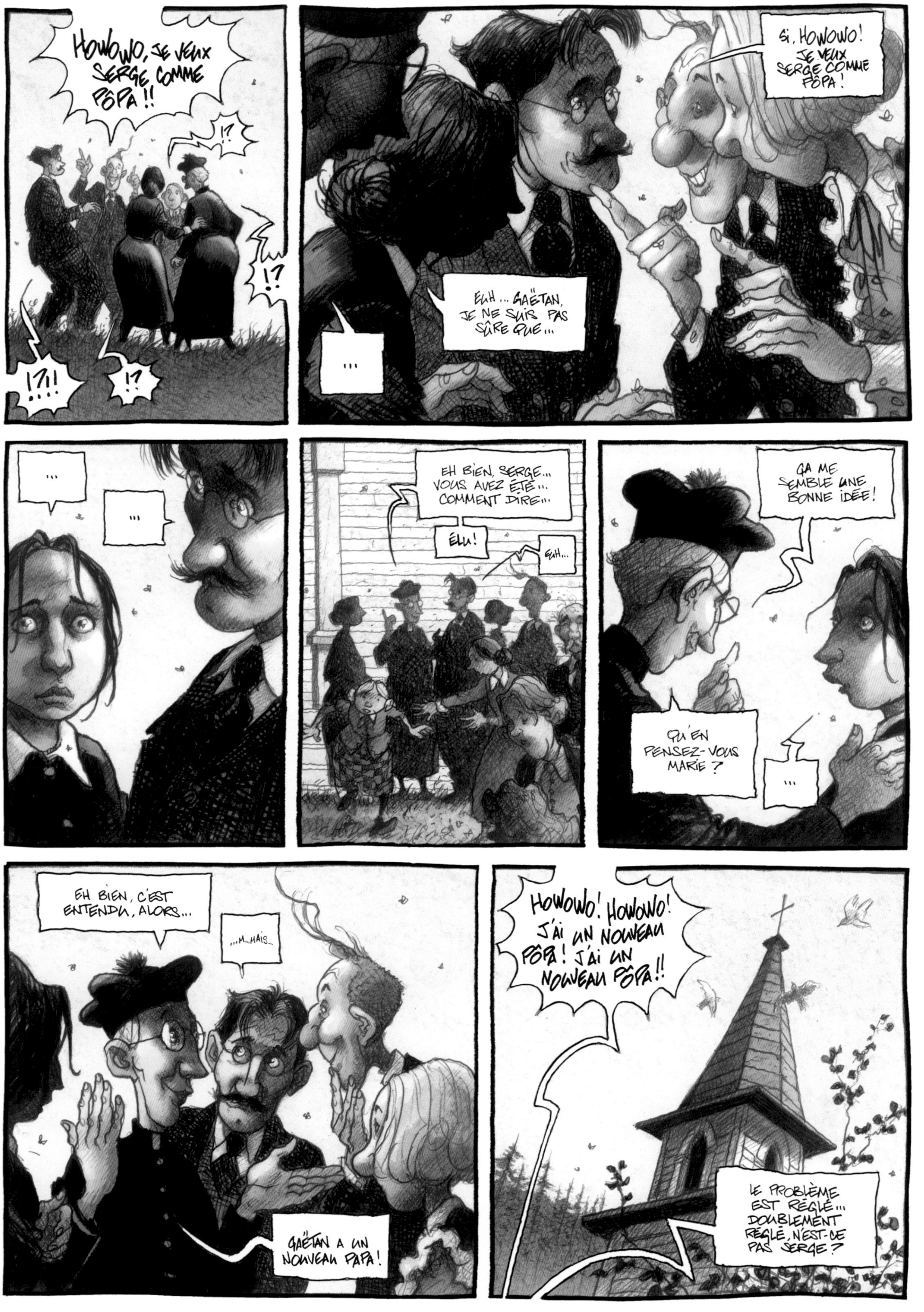
HOWOWO, JE VEUX SERGE COMME PÔPA !!
!?
!?
!?!!
!?
SI, HOWOWO ! JE VEUX SERGE COMME PÔPA !
EUH... GAËTAN, JE NE SUIS PAS SÛRE QUE...
...
...
...
EH BIEN, SERGE... VOUS AVEZ ÉTÉ... COMMENT DIRE...
ÉLU !
EUH...
ÇA ME SEMBLE UNE BONNE IDÉE !
QU'EN PENSEZ-VOUS MARIE ?
...
EH BIEN, C'EST ENTENDU, ALORS...
...M...MAIS...
GAËTAN A UN NOUVEAU PAPA !
HOWOWO ! HOWOWO ! J'AI UN NOUVEAU PÔPA ! J'AI UN NOUVEAU PÔPA !!
LE PROBLÈME EST RÉGLÉ... DOUBLEMENT RÉGLÉ, N'EST-CE PAS SERGE ?

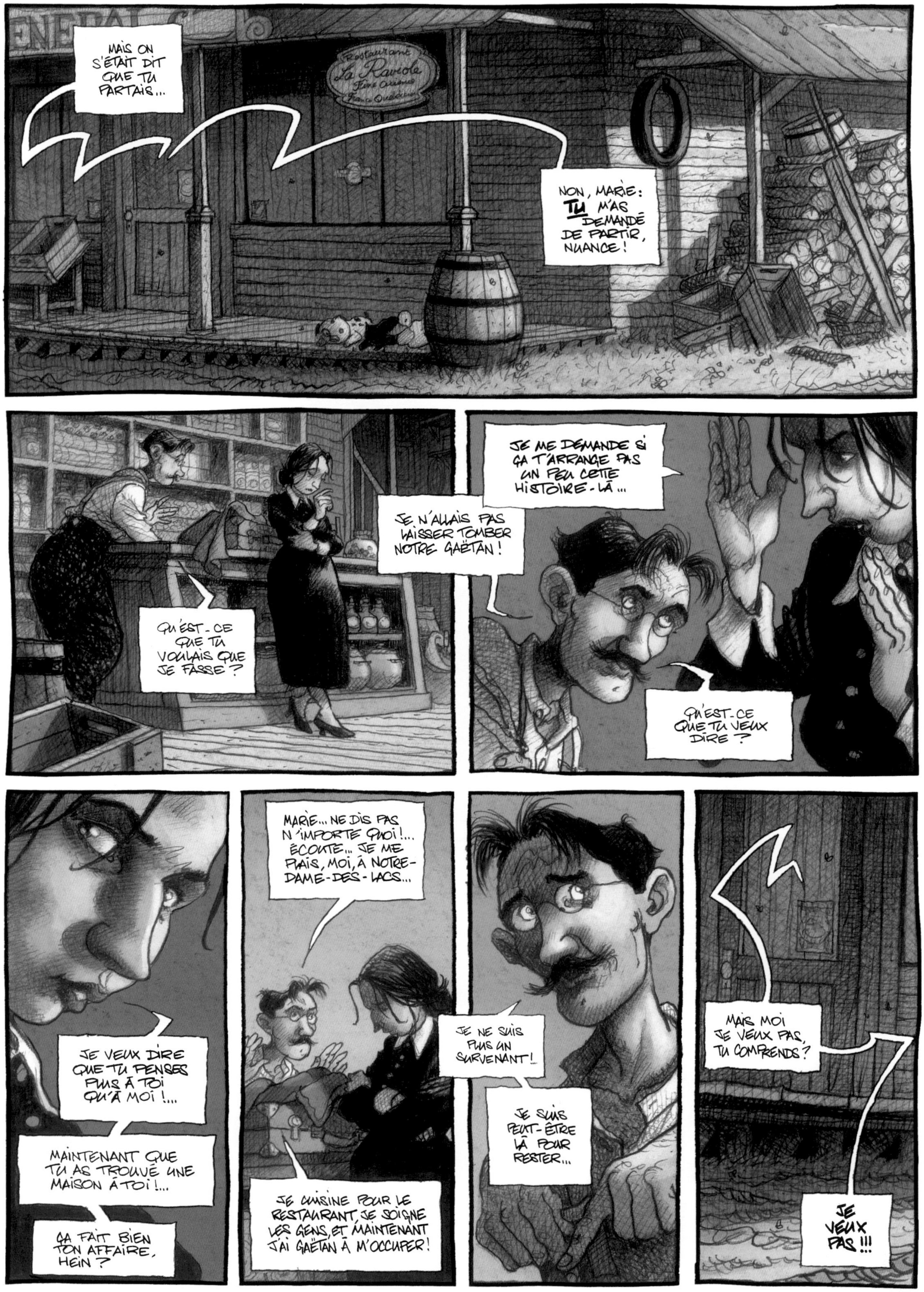
MAIS ON S'ÉTAIT DIT QUE TU PARTAIS...
NON, MARIE : TU M'AS DEMANDÉ DE PARTIR, NUANCE !
QU'EST-CE QUE TU VOULAIS QUE JE FASSE ?
JE N'ALLAIS PAS LAISSER TOMBER NOTRE GAËTAN !
JE ME DEMANDE SI ÇA T'ARRANGE PAS UN PEU CETTE HISTOIRE-LÀ...
QU'EST-CE QUE TU VEUX DIRE ?
JE VEUX DIRE QUE TU PENSES PLUS À TOI QU'À MOI !...
MAINTENANT QUE TU AS TROUVÉ UNE MAISON À TOI !...
ÇA FAIT BIEN TON AFFAIRE, HEIN ?
MARIE... NE DIS PAS N'IMPORTE QUOI !... ÉCOUTE... JE ME PLAIS, MOI, À NOTRE-DAME-DES-LACS...
JE CUISINE POUR LE RESTAURANT, JE SOIGNE LES GENS, ET MAINTENANT J'AI GAËTAN À M'OCCUPER !
JE NE SUIS PLUS UN SURVENANT !...
JE SUIS PEUT-ÊTRE LÀ POUR RESTER...
MAIS MOI JE VEUX PAS, TU COMPRENDS ?
JE VEUX PAS !!!

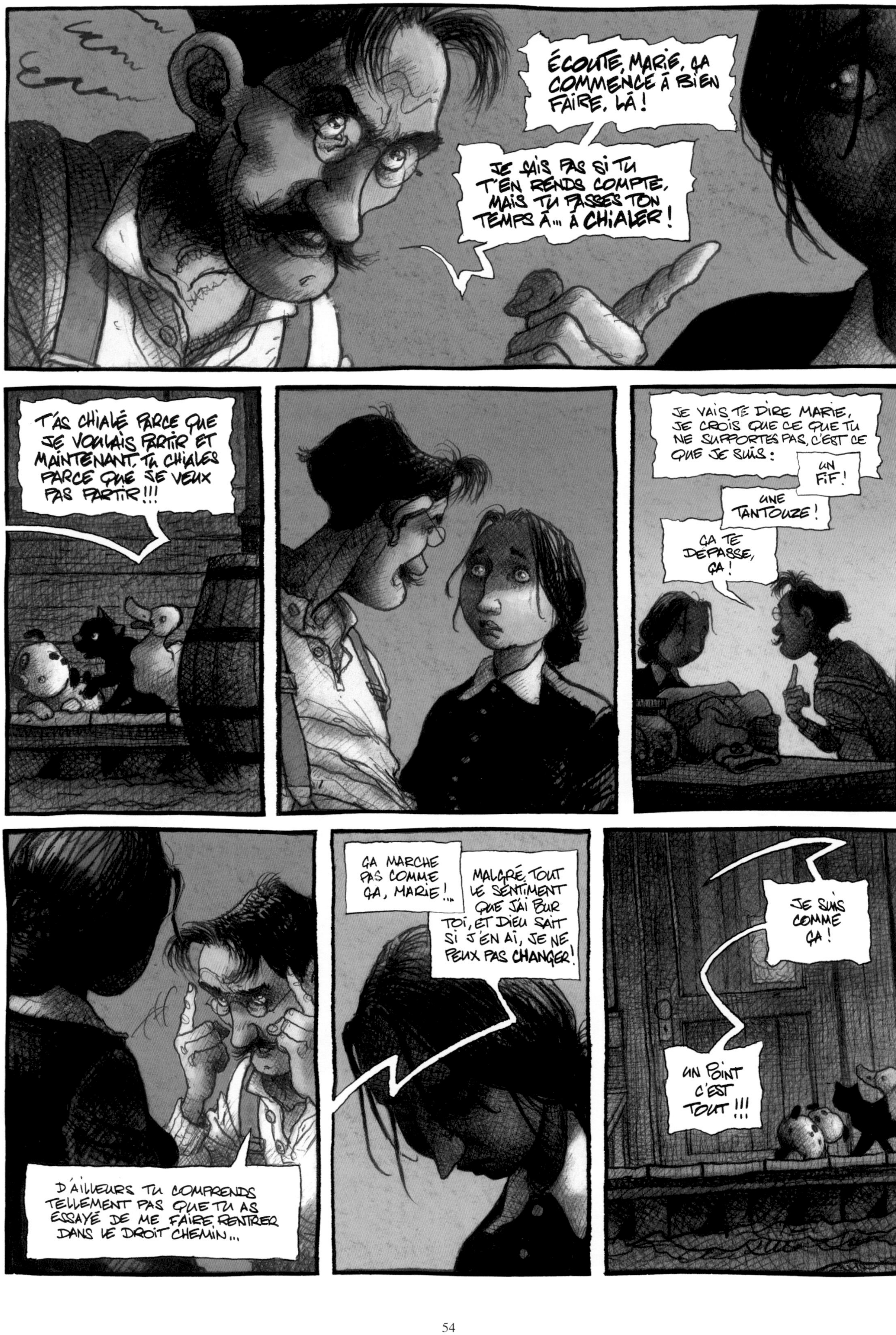
ÉCOUTE, MARIE, ÇA COMMENCE À BIEN FAIRE, LÀ !
JE SAIS PAS SI TU T'EN RENDS COMPTE, MAIS TU PASSES TON TEMPS À... À CHIALER !
T'AS CHIALÉ PARCE QUE JE VOULAIS PARTIR ET MAINTENANT, TU CHIALES PARCE QUE JE VEUX PAS PARTIR !!!
JE VAIS TE DIRE MARIE, JE CROIS QUE CE QUE TU NE SUPPORTES PAS, C'EST CE QUE JE SUIS :
UN FIF !
UNE TANTOUZE !
ÇA TE DÉPASSE, ÇA !
D'AILLEURS TU COMPRENDS TELLEMENT PAS QUE TU AS ESSAYÉ DE ME FAIRE RENTRER DANS LE DROIT CHEMIN...
ÇA MARCHE PAS COMME ÇA, MARIE !...
MALGRÉ TOUT LE SENTIMENT QUE J'AI POUR TOI, ET DIEU SAIT SI J'EN AI, JE NE PEUX PAS CHANGER !
JE SUIS COMME ÇA !
UN POINT C'EST TOUT !!!

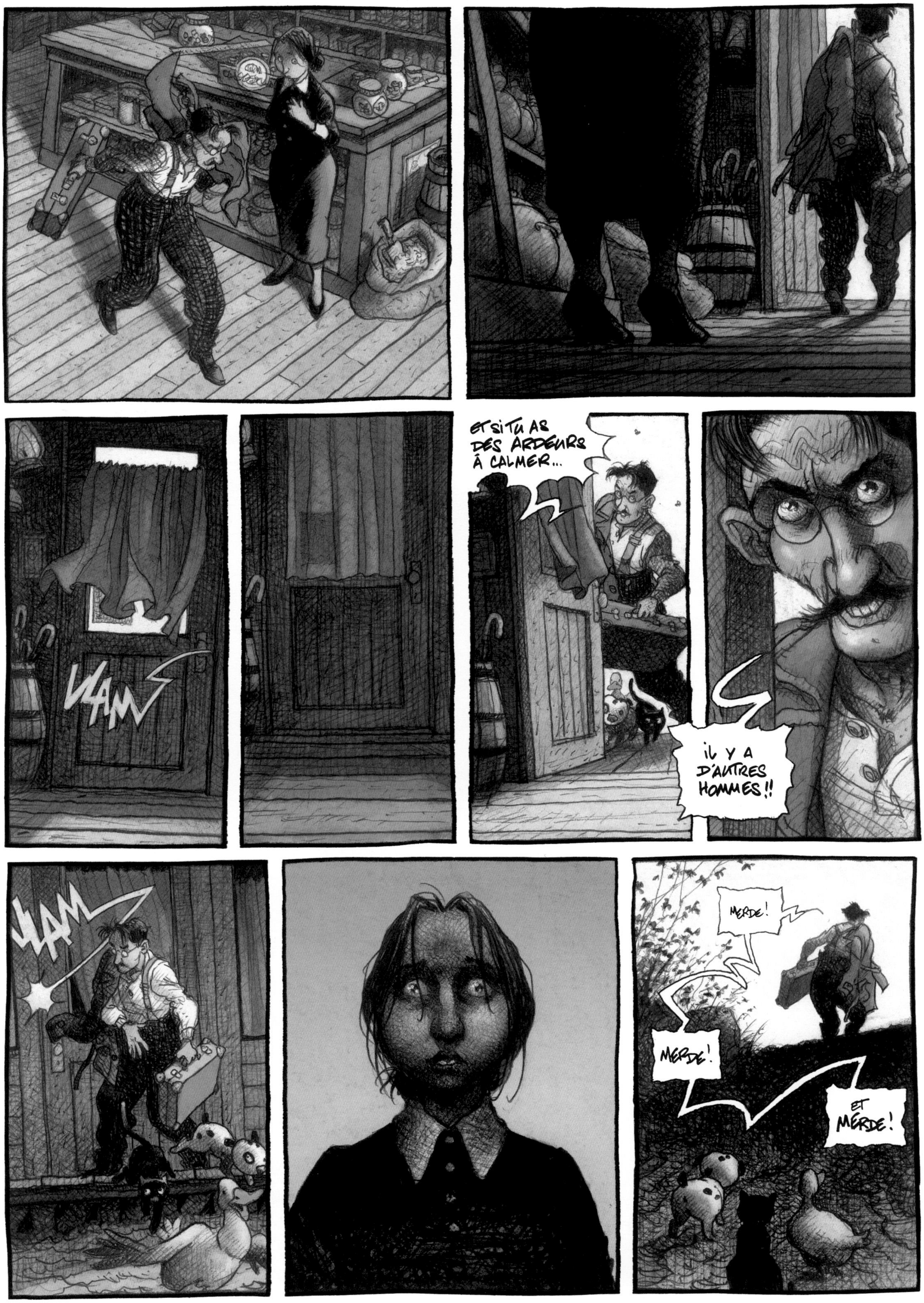
VLAM
ET SI TU AS DES ARDEURS À CALMER...
IL Y A D'AUTRES HOMMES!!
VLAM
MERDE!
MERDE!
ET MERDE!

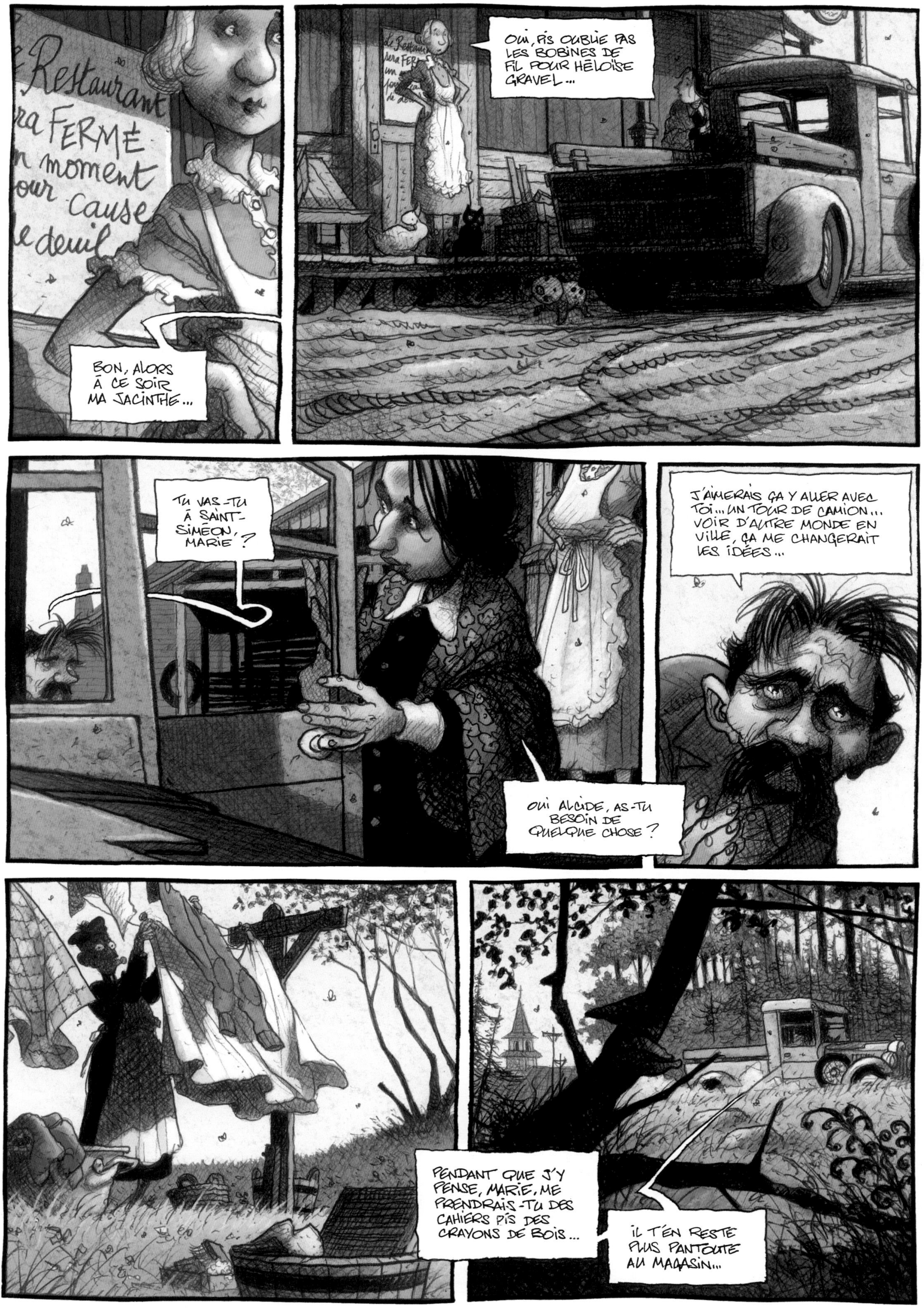
Restaurant
FERMÉ
moment
cause
deuil
BON, ALORS À CE SOIR MA JACINTHE...
OUI, PIS OUBLIE PAS LES BOBINES DE FIL POUR HÉLOÏSE GRAVEL...
TU VAS-TU À SAINT-SIMÉON, MARIE ?
OUI ALCIDE, AS-TU BESOIN DE QUELQUE CHOSE ?
J'AIMERAIS ÇA Y ALLER AVEC TOI... UN TOUR DE CAMION... VOIR D'AUTRE MONDE EN VILLE, ÇA ME CHANGERAIT LES IDÉES...
PENDANT QUE J'Y PENSE, MARIE, ME PRENDRAIS-TU DES CAHIERS PIS DES CRAYONS DE BOIS...
IL T'EN RESTE PLUS PANTOUTE AU MAGASIN...

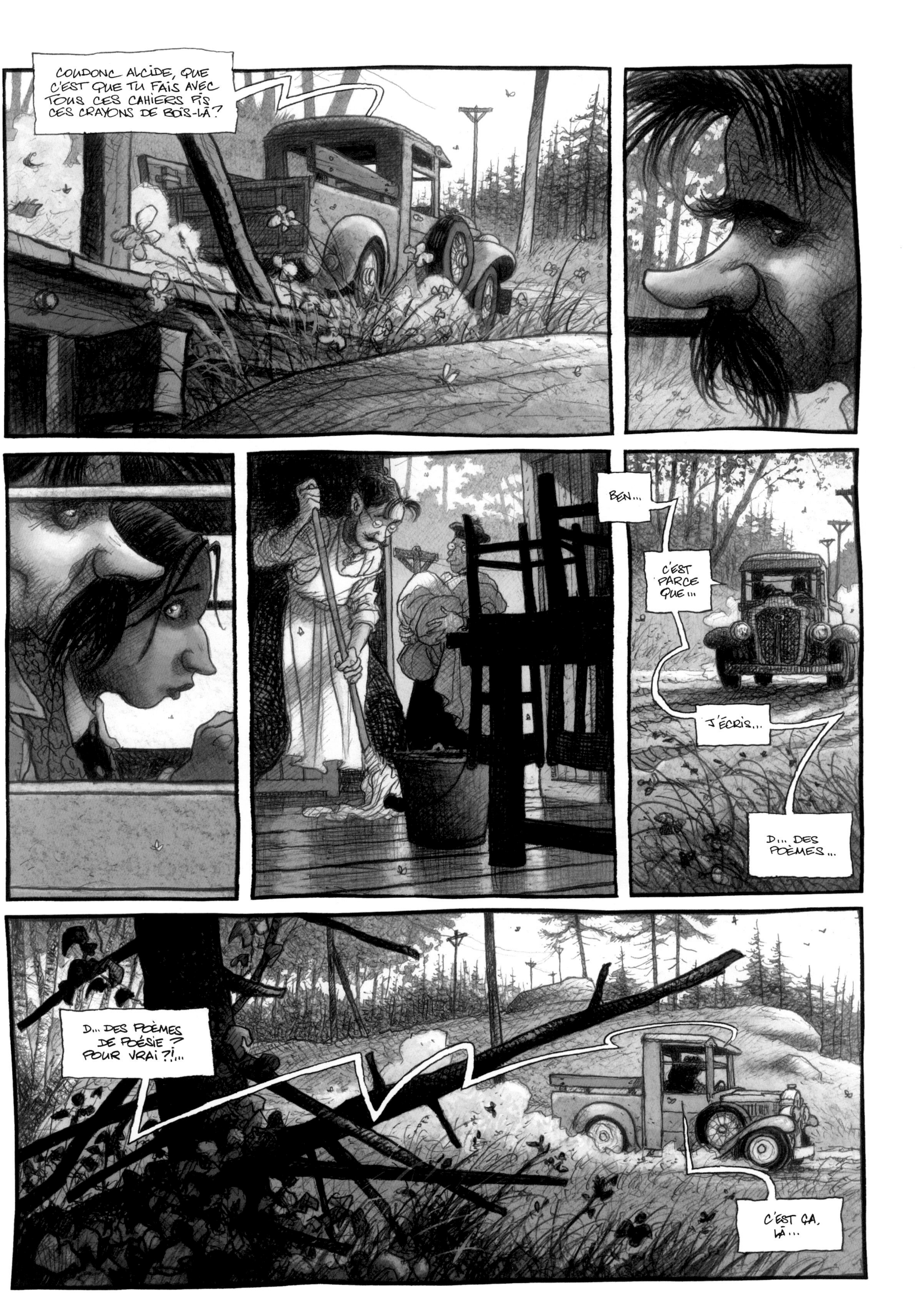
COUDONC ALCIDE, QUE C'EST QUE TU FAIS AVEC TOUS CES CAHIERS PIS CES CRAYONS DE BOIS-LÀ?
BEN...
C'EST PARCE QUE...
J'ÉCRIS...
D... DES POÈMES...
D... DES POÈMES DE POÉSIE? POUR VRAI?!...
C'EST ÇA, LÀ...

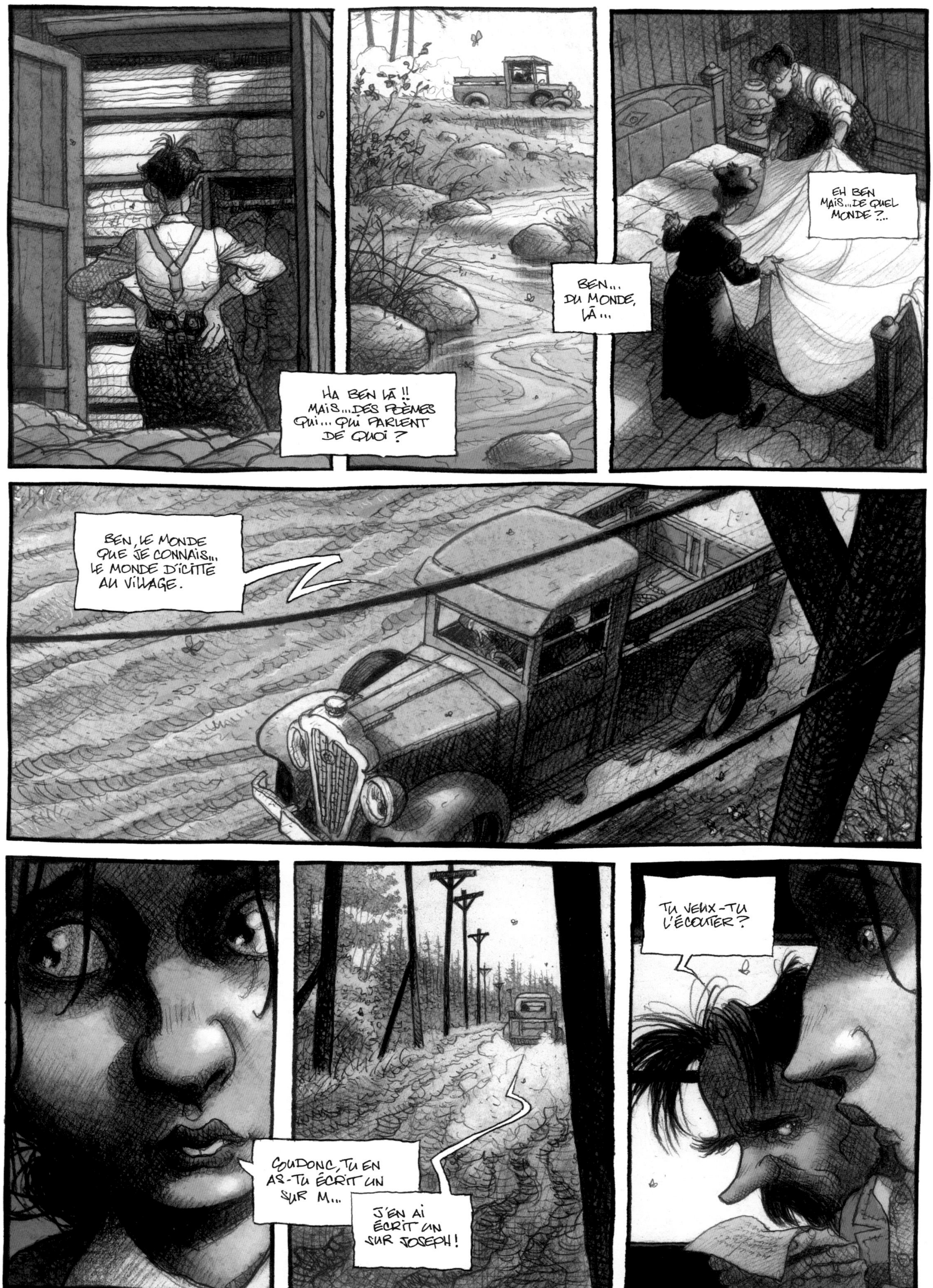
HA BEN LÀ !! MAIS... DES POÈMES QUI... QUI PARLENT DE QUOI ?
BEN... DU MONDE, LÀ...
EH BEN MAIS... DE QUEL MONDE ?...
BEN, LE MONDE QUE JE CONNAIS... LE MONDE D'ICITTE AU VILLAGE.
COUDONC, TU EN AS-TU ÉCRIT UN SUR M...
J'EN AI ÉCRIT UN SUR JOSEPH !
TU VEUX-TU L'ÉCOUTER ?

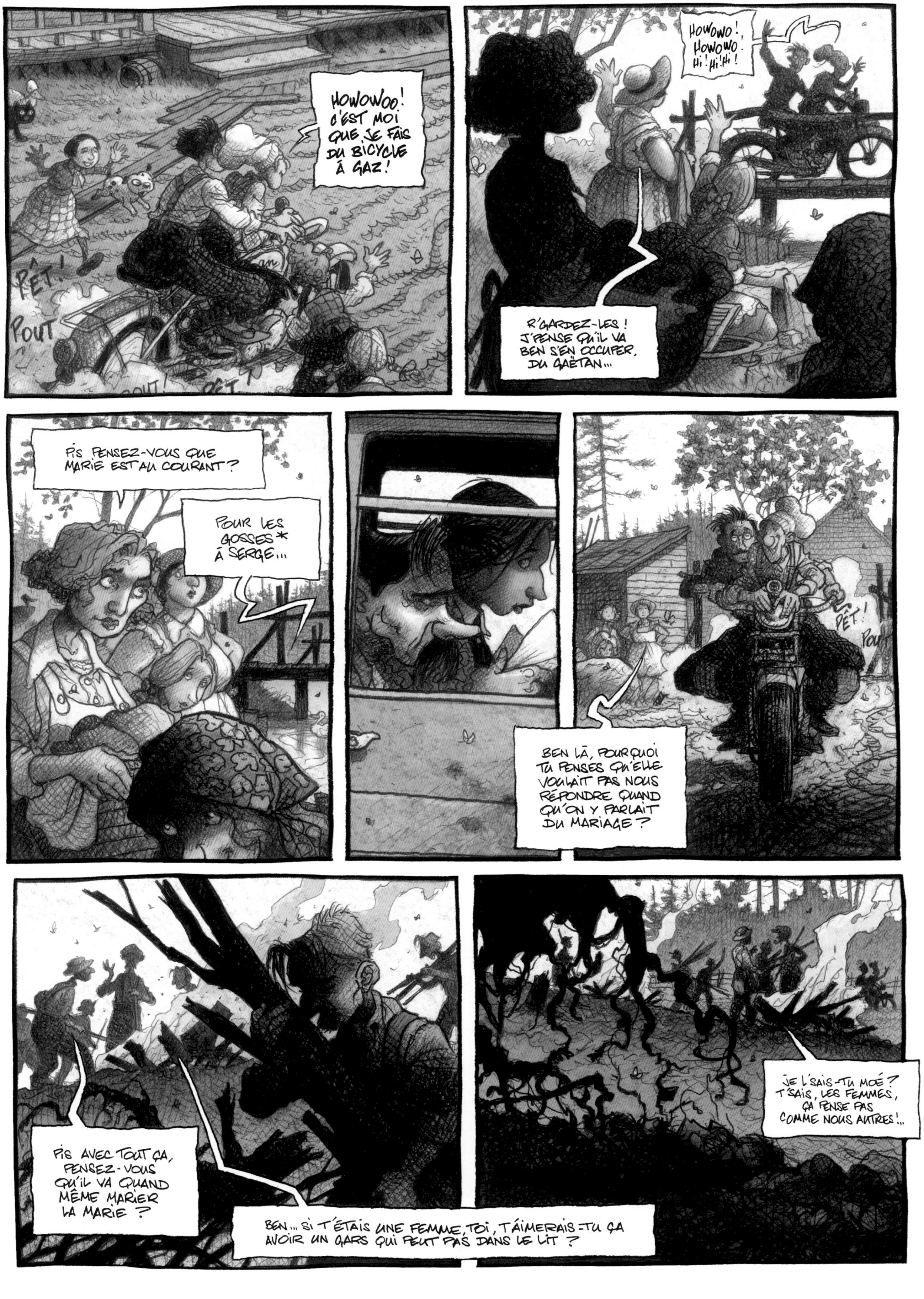
HOWOWOO! C'EST MOI QUE JE FAIS DU BICYCLE À GAZ!
PÉT! POUT PÉT! POUT
HOWOWO! HOWOWO! HI! HI! HI!
R'GARDEZ-LES! J'PENSE QU'IL VA BEN S'EN OCCUPER, DU GAËTAN...
PIS PENSEZ-VOUS QUE MARIE EST AU COURANT?
POUR LES GOSSES* À SERGE...
PÉT! POUT
BEN LÀ, POURQUOI TU PENSES QU'ELLE VOULAIT PAS NOUS RÉPONDRE QUAND QU'ON Y PARLAIT DU MARIAGE?
PIS AVEC TOUT ÇA, PENSEZ-VOUS QU'IL VA QUAND MÊME MARIER LA MARIE?
BEN... SI T'ÉTAIS UNE FEMME, TOI, T'AIMERAIS-TU ÇA AVOIR UN GARS QUI PEUT PAS DANS LE LIT?
JE L'SAIS-TU MOÉ? T'SAIS, LES FEMMES, ÇA PENSE PAS COMME NOUS AUTRES!...

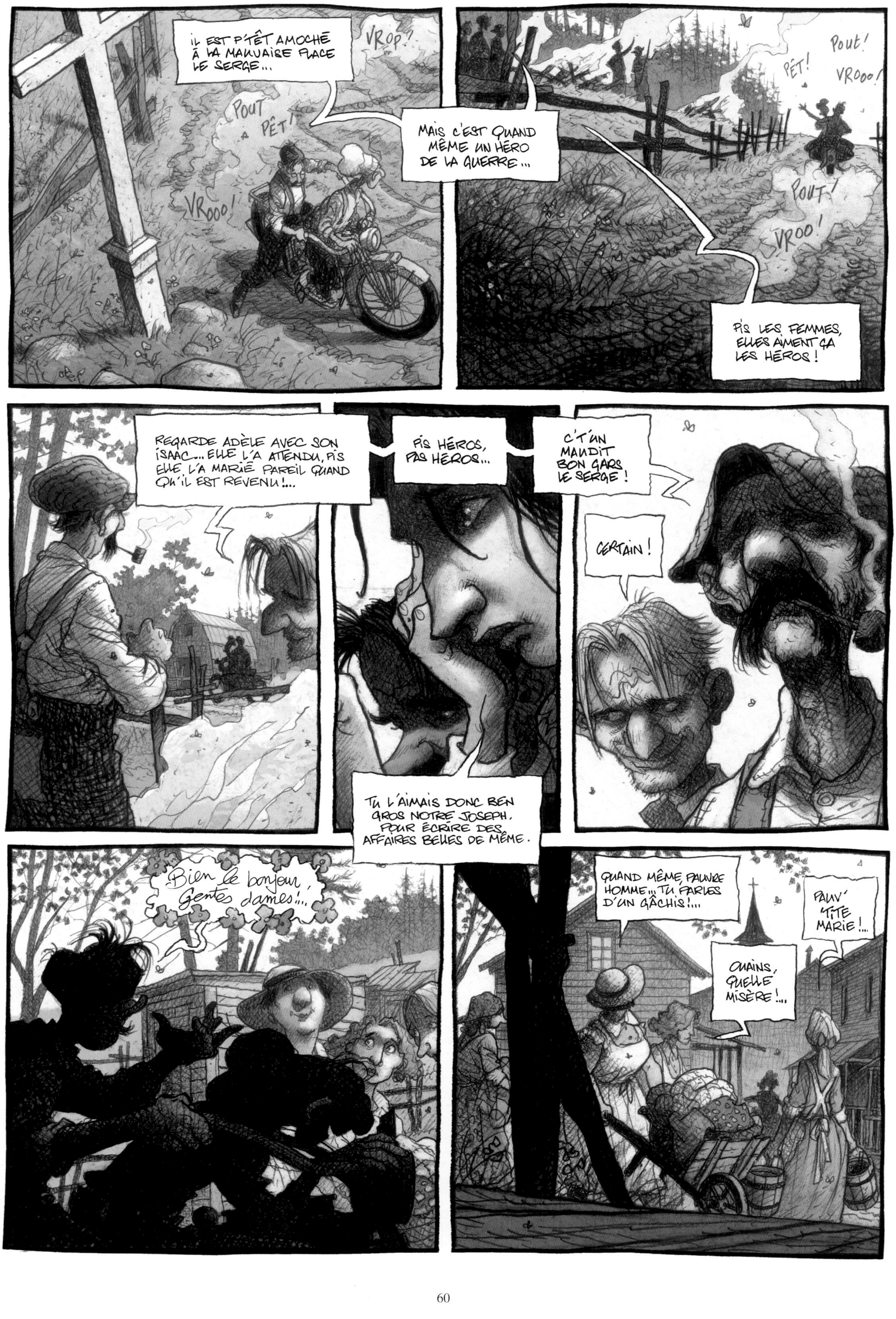
IL EST P'TÊT AMOCHÉ À LA MAUVAISE PLACE LE SERGE...
VROP!
POUT
PÊT!
VROOO!
MAIS C'EST QUAND MÊME UN HÉRO DE LA GUERRE...
POUT!
PÊT!
VROOO!
POUT!
VROO!
PIS LES FEMMES, ELLES AIMENT ÇA LES HÉROS!
REGARDE ADÈLE AVEC SON ISAAC... ELLE L'A ATTENDU, PIS ELLE L'A MARIÉ PAREIL QUAND QU'IL EST REVENU!...
PIS HÉROS, PAS HÉROS...
C'T'UN MAUDIT BON GARS LE SERGE!
CERTAIN!
TU L'AIMAIS DONC BEN GROS NOTRE JOSEPH, POUR ÉCRIRE DES AFFAIRES BELLES DE MÊME.
Bien le bonjour, Gentes dames!...
QUAND MÊME, PAUVRE HOMME... TU PARLES D'UN GÂCHIS!...
PAUV' 'TITE MARIE!...
OUAINS, QUELLE MISÈRE!...

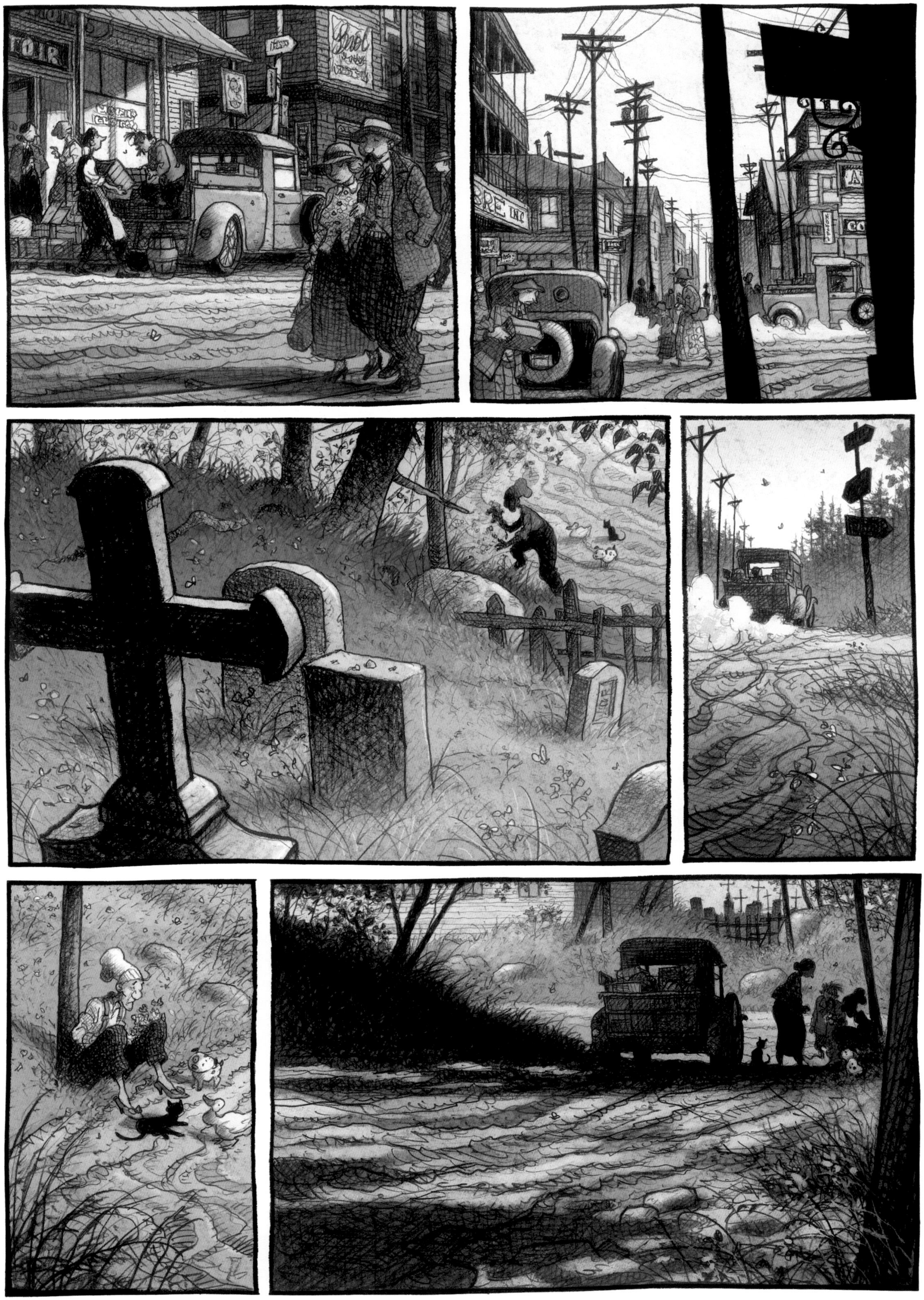

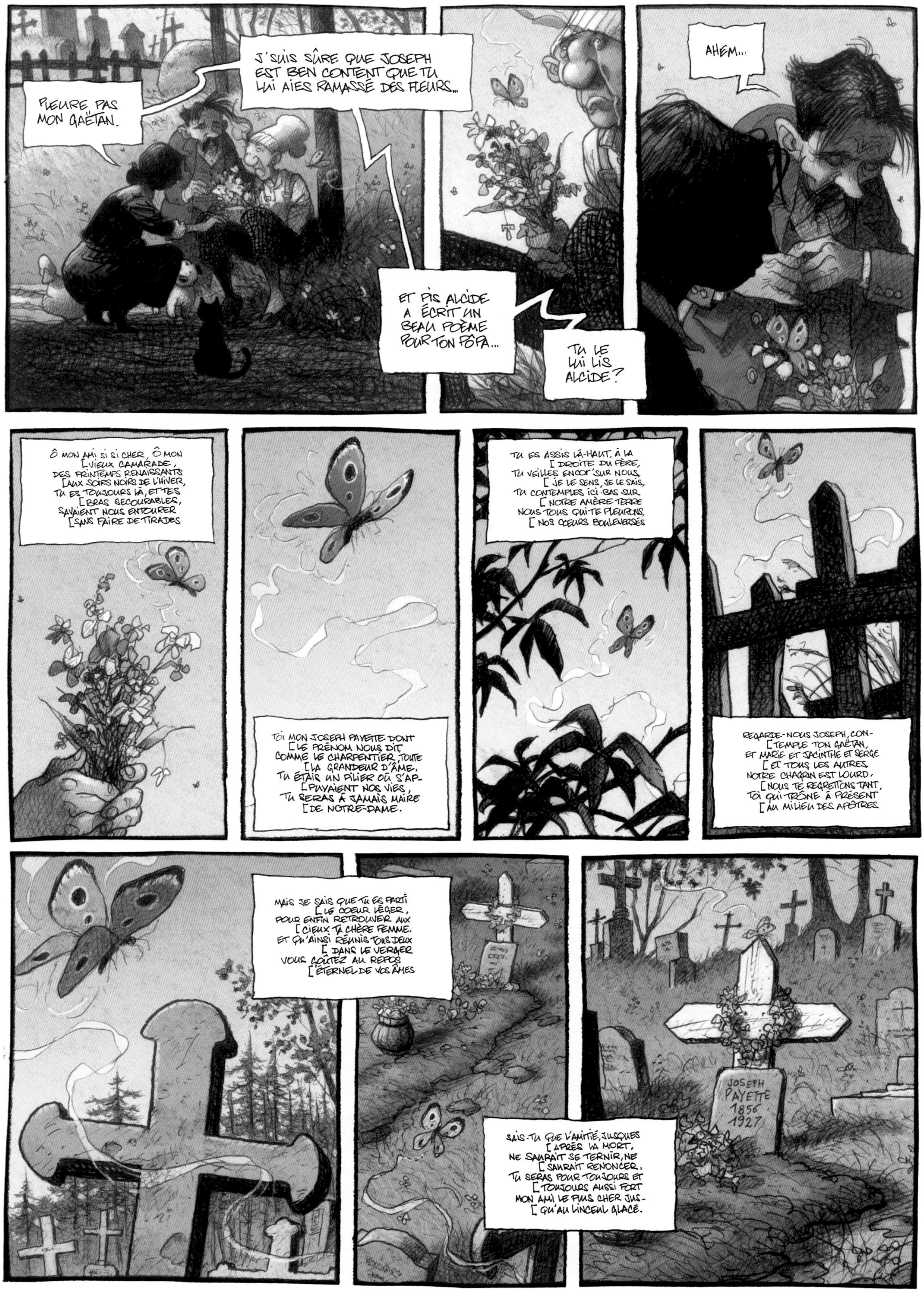

Pleure pas mon Gaëtan.
J'suis sûre que Joseph est ben content que tu lui aies ramassé des fleurs...
Et pis Alcide a écrit un beau poème pour ton pôpa...
Tu le lui lis Alcide?
Ahem...
Ô mon ami si cher, ô mon
[vieux camarade,
des printemps renaissants
[aux soirs noirs de l'hiver,
tu es toujours là, et tes
[bras secourables,
savaient nous entourer
[sans faire de tirades
Toi mon Joseph Payette dont
[le prénom nous dit,
comme le charpentier, toute
[la grandeur d'âme,
tu étais un pilier où s'ap-
[puyaient nos vies,
tu seras à jamais maire
[de Notre-Dame.
Tu es assis là-haut, à la
[droite du Père,
tu veilles encor' sur nous,
[je le sens, je le sais,
tu contemples ici-bas sur
[notre amère terre
nous tous qui te pleurons,
[nos cœurs bouleversés
Regarde-nous Joseph, con-
[temple ton Gaëtan,
et Marie et Jacinthe et Serge
[et tous les autres
notre chagrin est lourd,
[nous te regrettons tant,
toi qui trône à présent
[au milieu des apôtres
Mais je sais que tu es parti
[le cœur léger,
pour enfin retrouver aux
[cieux ta chère femme,
et qu'ainsi réunis tous deux
[dans le verger
vous goûtez au repos
[éternel de vos âmes
Joseph Payette 1856 1927
Sais-tu que l'amitié, jusques
[après la mort,
ne saurait se ternir, ne
[saurait renoncer,
tu seras pour toujours et
[toujours aussi fort
mon ami le plus cher jus-
[qu'au linceul glacé.

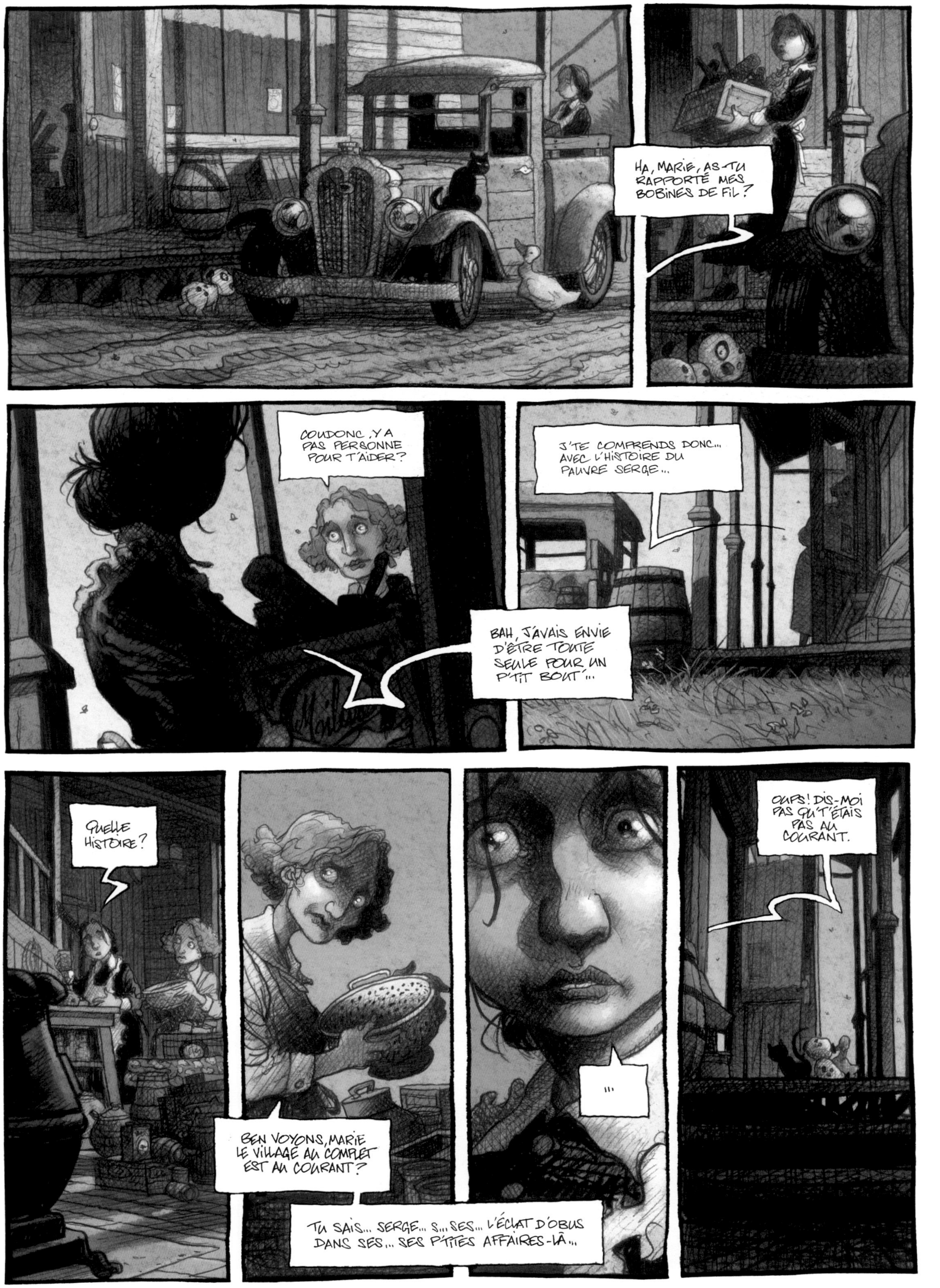
HA, MARIE, AS-TU RAPPORTÉ MES BOBINES DE FIL?
COUDONC, Y A PAS PERSONNE POUR T'AIDER?
BAH, J'AVAIS ENVIE D'ÊTRE TOUTE SEULE POUR UN P'TIT BOUT'...
J'TE COMPRENDS DONC... AVEC L'HISTOIRE DU PAUVRE SERGE...
QUELLE HISTOIRE?
BEN VOYONS, MARIE LE VILLAGE AU COMPLET EST AU COURANT?
...
OUFS! DIS-MOI PAS QU'T'ÉTAIS PAS AU COURANT.
TU SAIS... SERGE... S... SES... L'ÉCLAT D'OBUS DANS SES... SES P'TITES AFFAIRES-LÀ...

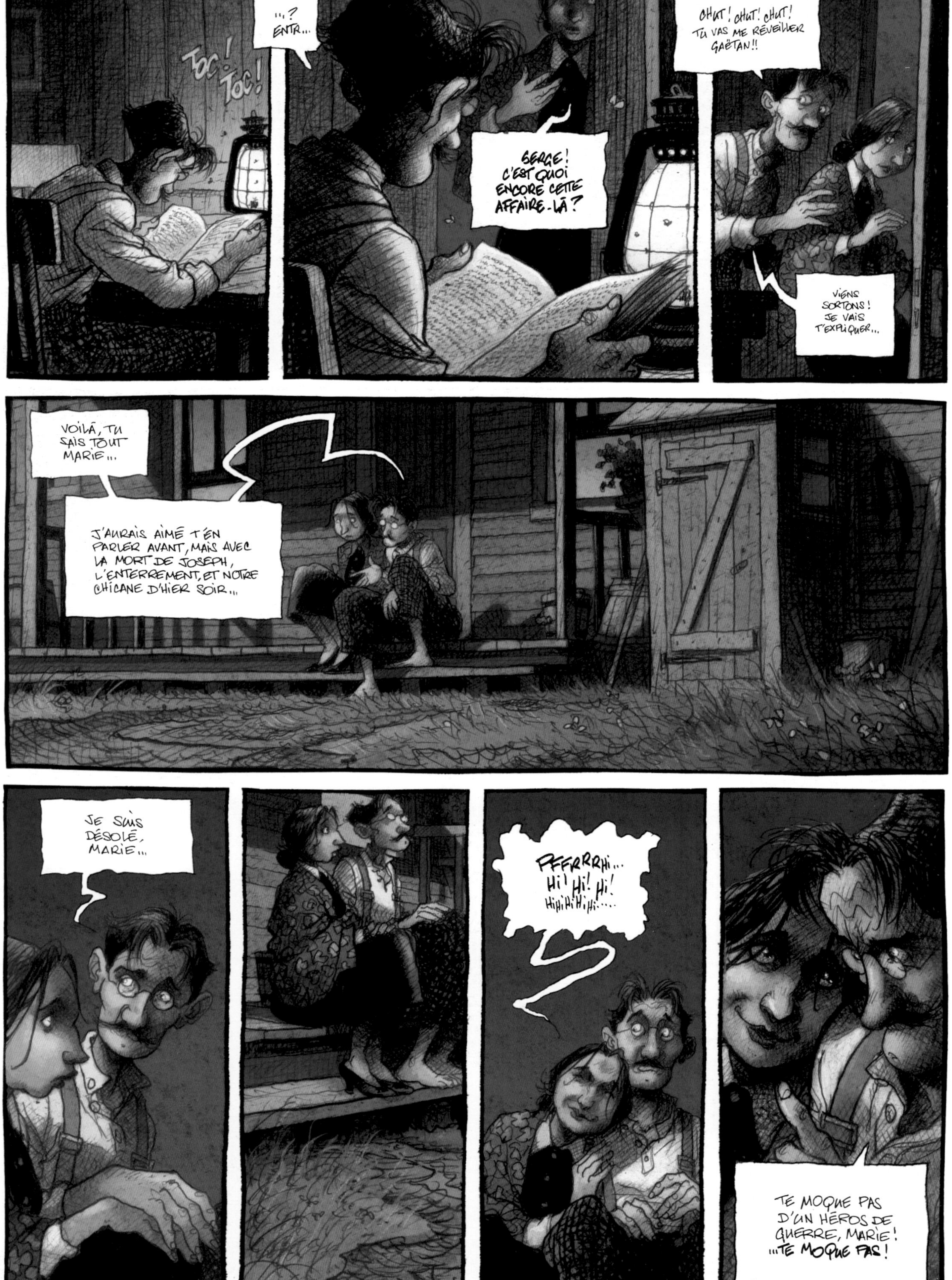

TOC! TOC!
...? ENTR...
SERGE! C'EST QUOI ENCORE CETTE AFFAIRE-LÀ?
CHUT! CHUT! CHUT! TU VAS ME RÉVEILLER GAËTAN!!
VIENS SORTONS! JE VAIS T'EXPLIQUER...
VOILÀ, TU SAIS TOUT MARIE...
J'AURAIS AIMÉ T'EN PARLER AVANT, MAIS AVEC LA MORT DE JOSEPH, L'ENTERREMENT, ET NOTRE CHICANE D'HIER SOIR...
JE SUIS DÉSOLÉ, MARIE...
PFFFRRRHI... HI! HI! HI! HIHIHIHIHI....
TE MOQUE PAS D'UN HÉROS DE GUERRE, MARIE! ...TE MOQUE PAS!

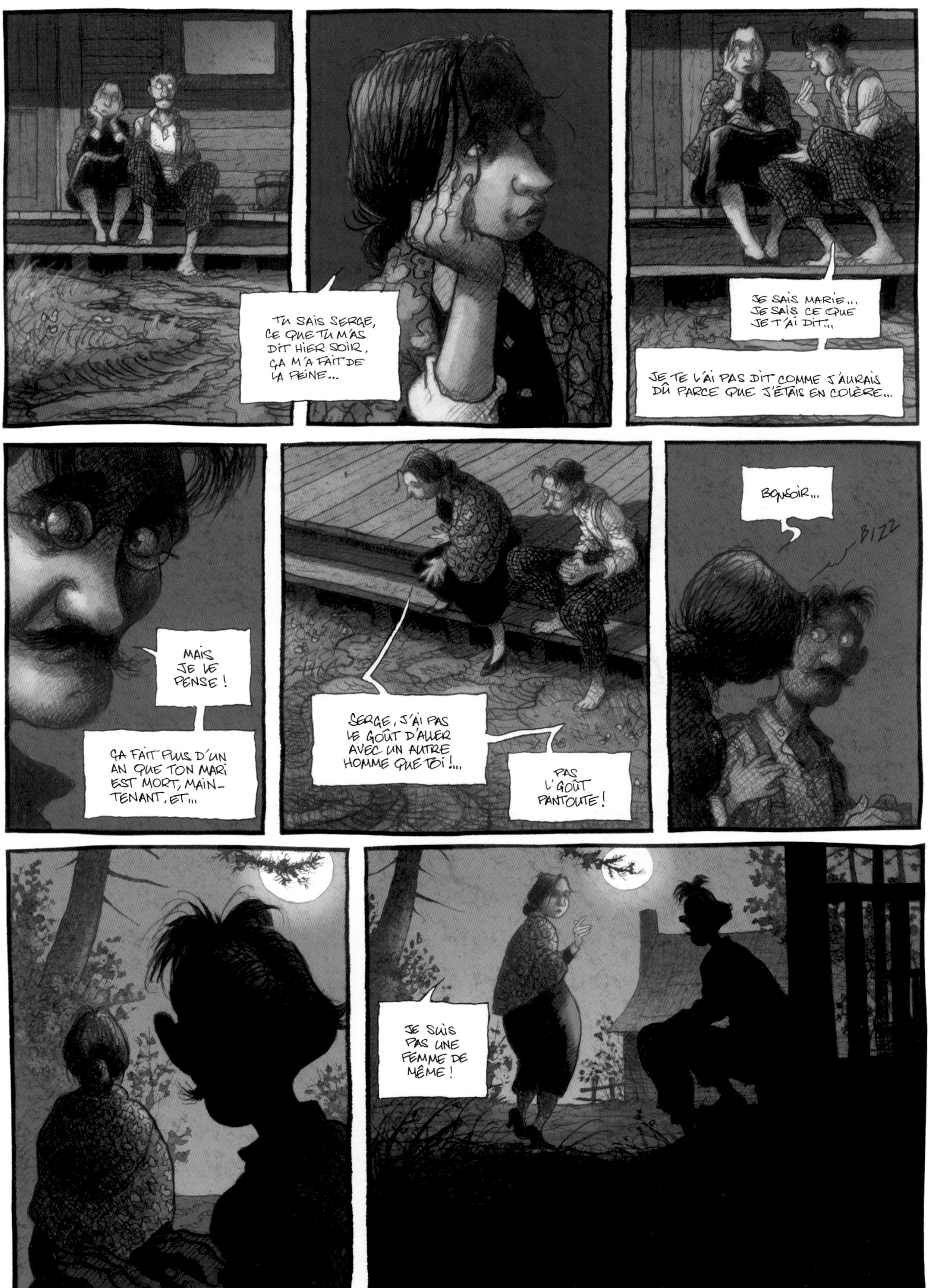
TU SAIS SERGE, CE QUE TU M'AS DIT HIER SOIR, ÇA M'A FAIT DE LA PEINE...
JE SAIS MARIE... JE SAIS CE QUE JE T'AI DIT...
JE TE L'AI PAS DIT COMME J'AURAIS DÛ PARCE QUE J'ÉTAIS EN COLÈRE...
MAIS JE LE PENSE !
ÇA FAIT PLUS D'UN AN QUE TON MARI EST MORT, MAIN-TENANT, ET...
SERGE, J'AI PAS LE GOÛT D'ALLER AVEC UN AUTRE HOMME QUE TOI !...
PAS L'GOÛT PANTOUTE !
BONSOIR...
BIZZ
JE SUIS PAS UNE FEMME DE MÊME !

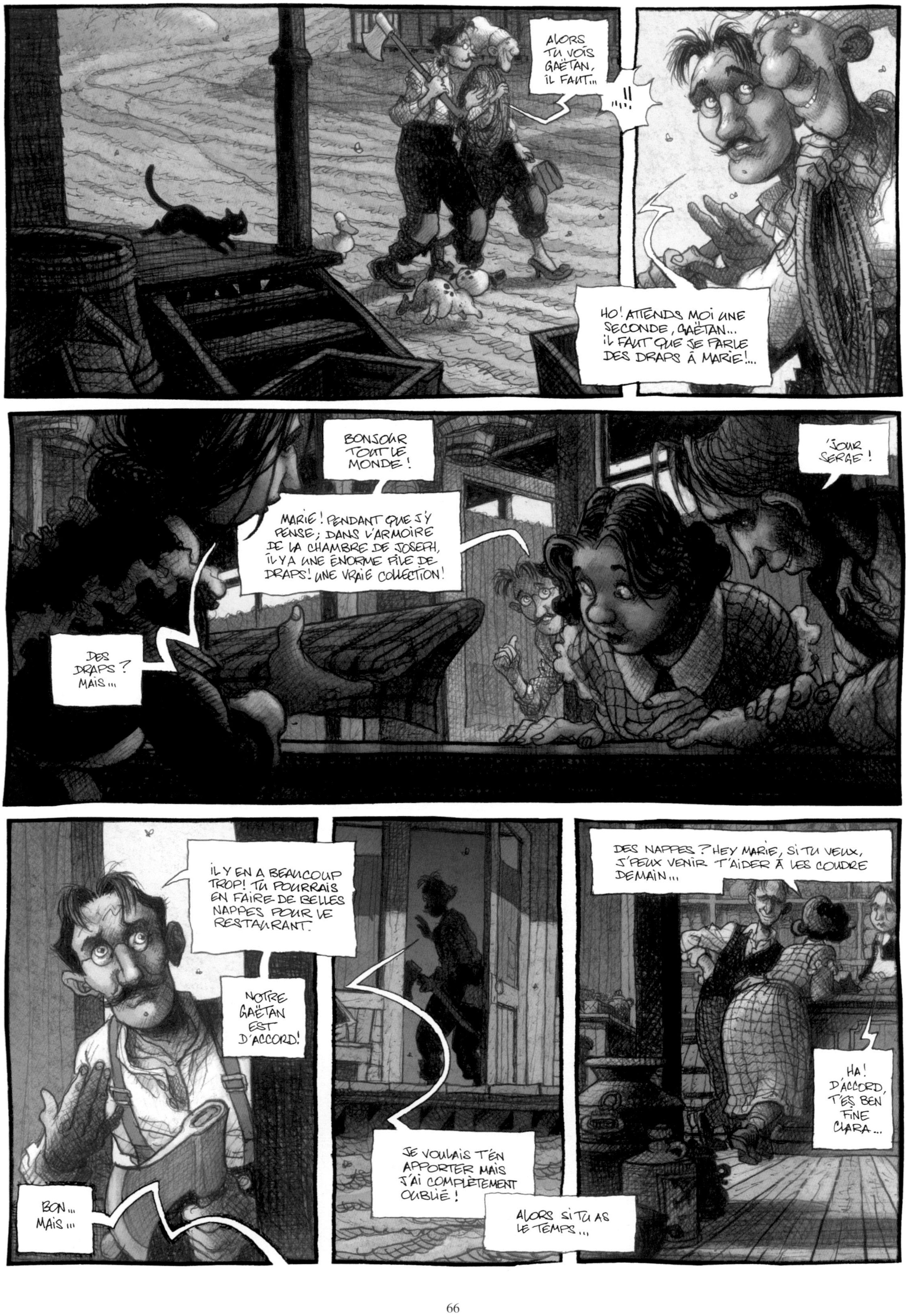
ALORS TU VOIS GAËTAN, IL FAUT...
!!..!!
HO! ATTENDS MOI UNE SECONDE, GAËTAN... IL FAUT QUE JE PARLE DES DRAPS À MARIE!...
BONSOIR TOUT LE MONDE!
MARIE! PENDANT QUE J'Y PENSE; DANS L'ARMOIRE DE LA CHAMBRE DE JOSEPH, IL Y A UNE ÉNORME PILE DE DRAPS! UNE VRAIE COLLECTION!
'JOUR SERGE!
DES DRAPS? MAIS...
IL Y EN A BEAUCOUP TROP! TU POURRAIS EN FAIRE DE BELLES NAPPES POUR LE RESTAURANT.
NOTRE GAËTAN EST D'ACCORD!
BON... MAIS...
JE VOULAIS T'EN APPORTER MAIS J'AI COMPLÈTEMENT OUBLIÉ!
ALORS SI TU AS LE TEMPS...
DES NAPPES? HEY MARIE, SI TU VEUX, J'PEUX VENIR T'AIDER À LES COUDRE DEMAIN...
HA! D'ACCORD, T'ES BEN FINE CLARA...

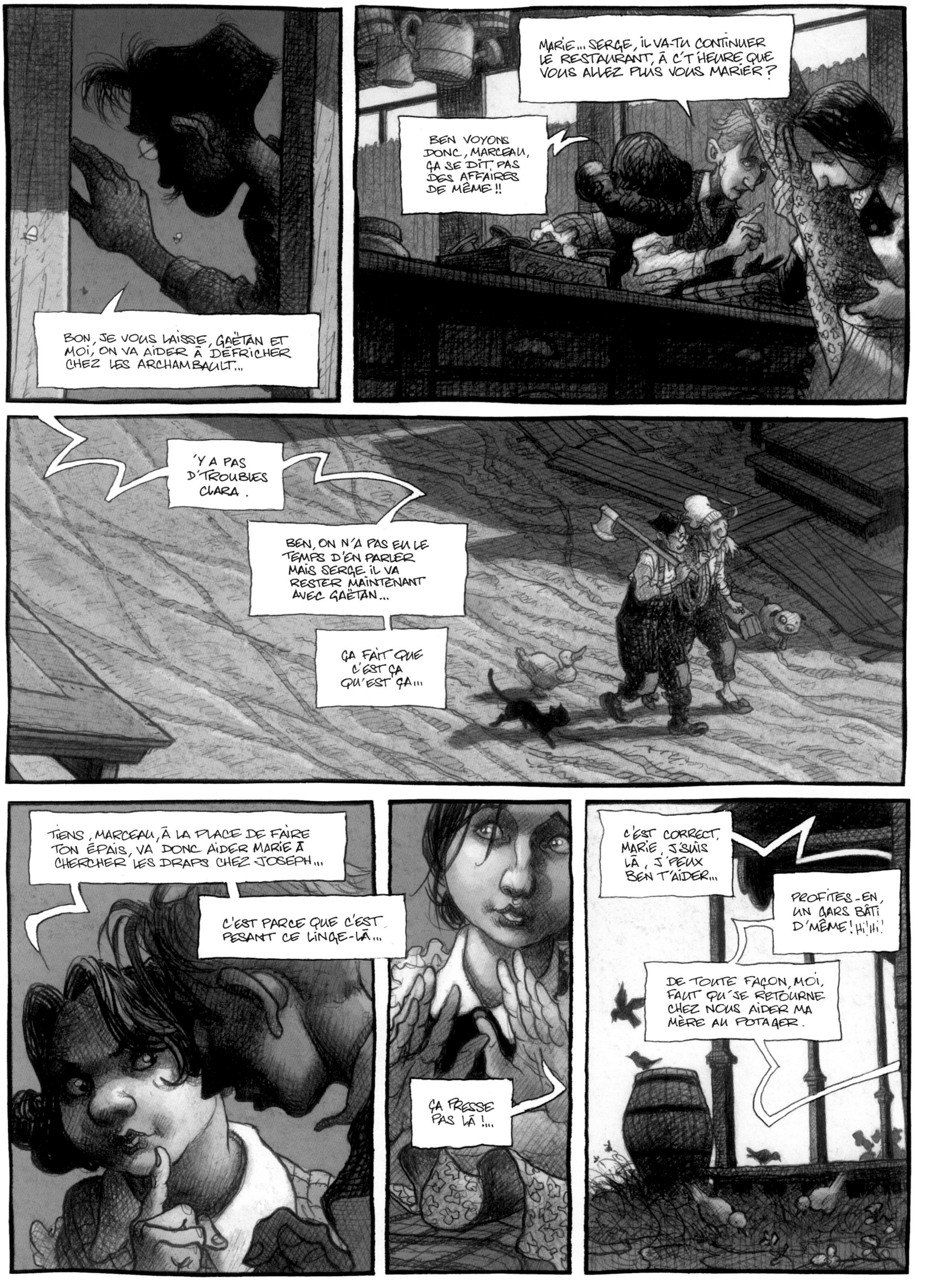
BON, JE VOUS LAISSE, GAËTAN ET MOI, ON VA AIDER À DÉFRICHER CHEZ LES ARCHAMBAULT...
MARIE... SERGE, IL VA-TU CONTINUER LE RESTAURANT, À C'T'HEURE QUE VOUS ALLEZ PLUS VOUS MARIER?
BEN VOYONS DONC, MARCEAU, ÇA SE DIT PAS DES AFFAIRES DE MÊME!!
'Y A PAS D'TROUBLES CLARA.
BEN, ON N'A PAS EU LE TEMPS D'EN PARLER MAIS SERGE, IL VA RESTER MAINTENANT AVEC GAËTAN...
ÇA FAIT QUE C'EST ÇA QU'EST ÇA...
TIENS, MARCEAU, À LA PLACE DE FAIRE TON ÉPAIS, VA DONC AIDER MARIE À CHERCHER LES DRAPS CHEZ JOSEPH...
C'EST PARCE QUE C'EST PESANT CE LINGE-LÀ...
ÇA PRESSE PAS LÀ!...
C'EST CORRECT, MARIE, J'SUIS LÀ, J'PEUX BEN T'AIDER...
PROFITES-EN, UN GARS BÂTI D'MÊME! HI! HI!
DE TOUTE FAÇON, MOI, FAUT QU'JE RETOURNE CHEZ NOUS AIDER MA MÈRE AU POTAGER.

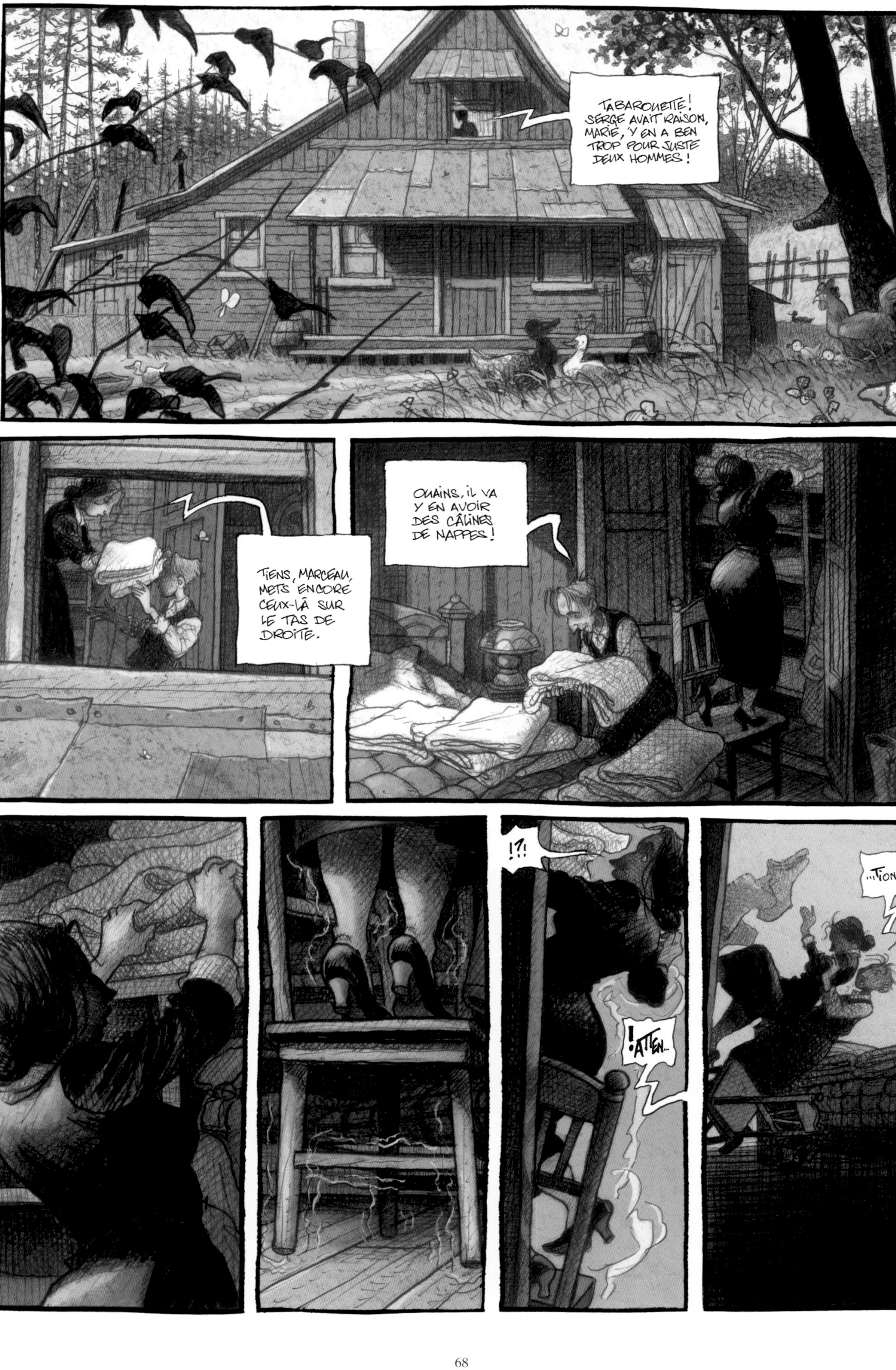
TABAROUETTE ! SERGE AVAIT RAISON, MARIE, Y'EN A BEN TROP POUR JUSTE DEUX HOMMES !
TIENS, MARCEAU, METS ENCORE CEUX-LÀ SUR LE TAS DE DROITE.
OUAINS, IL VA Y EN AVOIR DES CÂLINES DE NAPPES !
!?!
!ATTEN...
...TION !

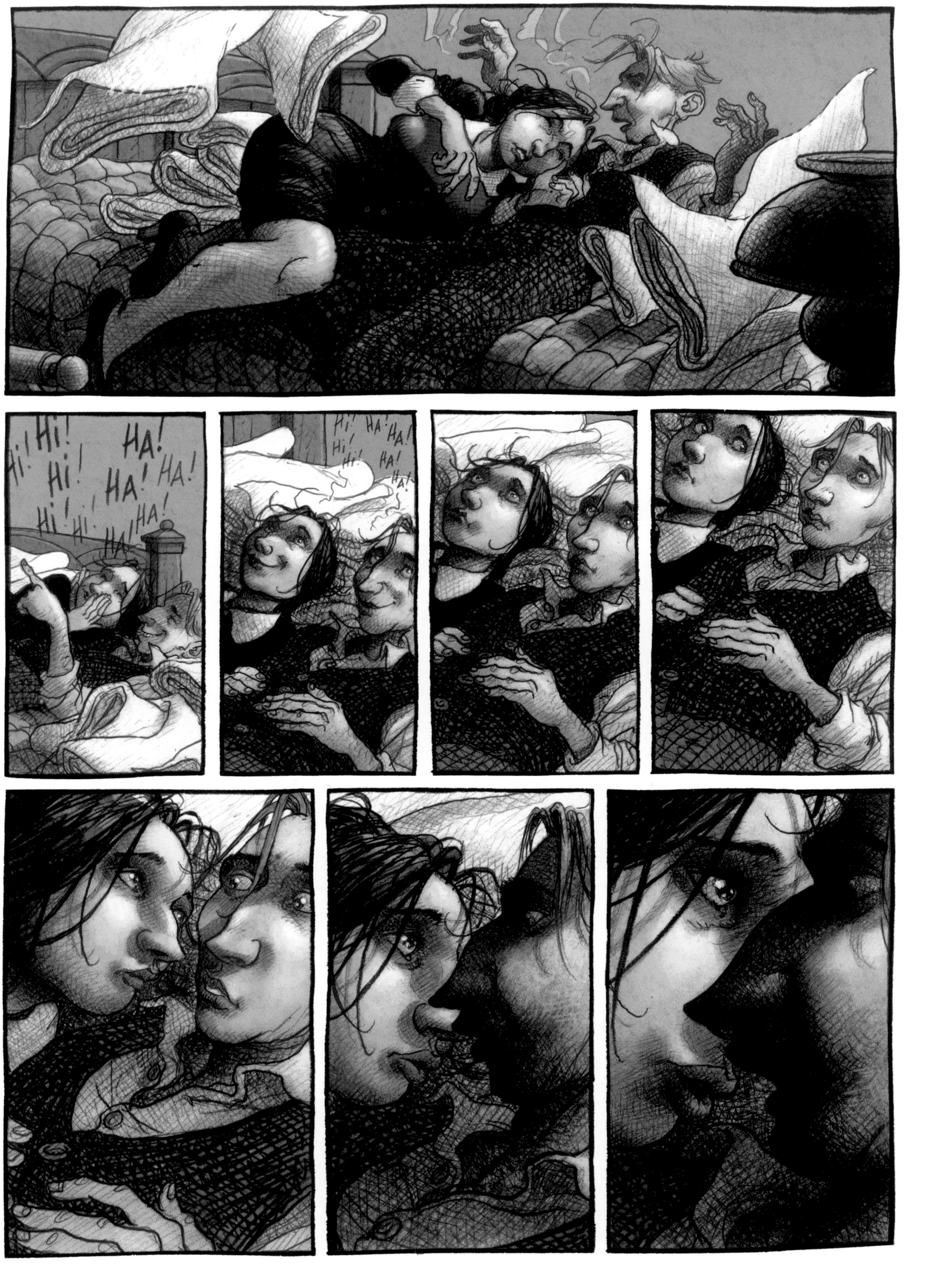
HI!
HI!
HA!
HI!
HA!
HA!
HI!
HI!
HA!
HA!
HI!
HI!
HA!
HA!
HI!
HA!
HA!

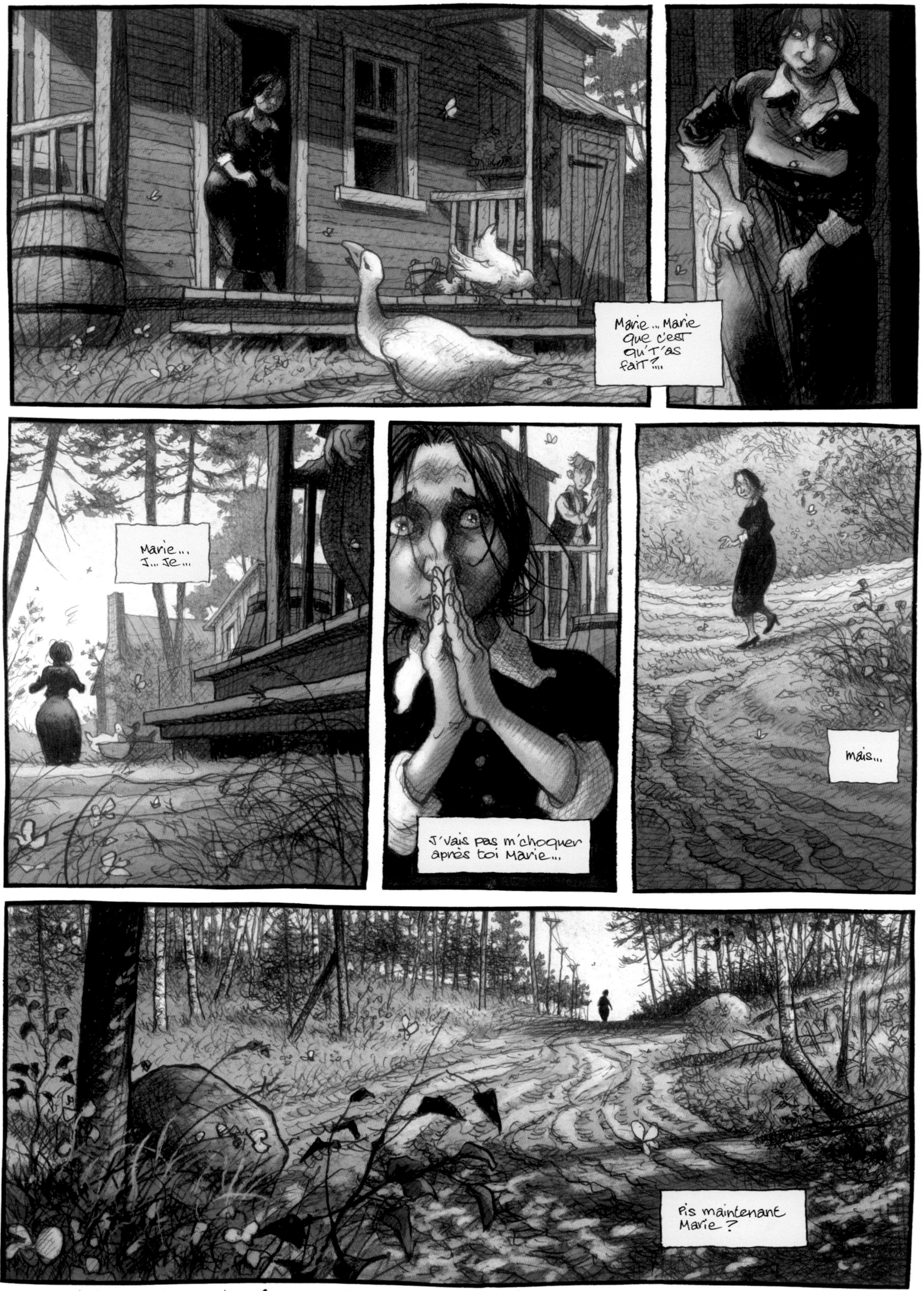
Marie... Marie que c'est qu'T'as fait?...
Marie... J... Je...
J'vais pas m'choquer après toi Marie...
mais...
Pis maintenant Marie?

Montréal - le 12 septembre 2008 - . Gisel "Tripp" Lapierre à tantot...

DES MÊMES AUTEURS

Éditions Casterman

Magasin général
1. MARIE
2. SERGE
3. LES HOMMES
L'Arrière boutique du magasin général
(3 tomes)

AUTRES OUVRAGES DE RÉGIS LOISEL

Éditions Dargaud

Avec Serge Le Tendre
La Quête de l'oiseau du temps
1. LA CONQUE DE RAMOR
2. LE TEMPLE DE L'OUBLI
3. LE RIGE
4. L'ŒUF DES TÉNÈBRES
Avec Serge Le Tendre et Lidwine
5. L'AMI JAVIN
Avec Serge le Tendre et Aouamri
6. LE GRIMOIRE DES DIEUX

EN QUÊTE DE L'OISEAU DU TEMPS
Entretien avec Christelle et Bertrand Pissavy-Yvernault

Éditions Vents d'Ouest

Peter Pan
1. LONDRES
2. OPIKANOBA
3. TEMPÊTE
4. MAINS ROUGES
5. CROCHET
6. DESTINS

Making of
L'ENVERS DU DÉCOR

LOISEL, DANS L'OMBRE DE PETER PAN
Entretien avec Christelle et Bertrand Pissavy-Yvernault

Scénario pour Sternis
PYRÉNÉES

Scénario pour Christine Oudot
FANFRELUCHES POUR UNE SIRÈNE

Le Grand Mort
Collaboration au scénario avec Djian, dessin Vincent Mallié
1. LARMES D'ABEILLE

Collaboration au scénario avec Guilmard
Les Farfelingues
1. LA BALADE DU PÉPÈRE
2. LA TROMPE À NEUNEU
3. LES VIGNES DE L'EMPEREUR

Éditions Humanoïdes Associés

Avec Rose le Guirec
TROUBLES FÊTES

Éditions La Sirène

Avec Georges Philippe Taladiart
LA DERNIÈRE GOUTTE EST TOUJOURS POUR LE SLIP

Éditions Granit Associés

Avec Cothias
NORBERT LE LÉZARD

Éditions Glénat

MALI-MÉLO
Carnet de voyage avec Patrick Cothias et Yvon Le Corre

Éditions Mosquito

MONOGRAPHIE 1
MONOGRAPHIE 2
(à paraître prochainement)

Éditions Kesselring

LES NOCTURNES

AUTRES OUVRAGES DE JEAN-LOUIS TRIPP

Éditions Albin Michel

Avec Dupuy-Berberian, Cabanes et Denis
CORRESPONDANCES

Avec Tronchet
Le Nouveau Jean-Claude
1. LA FORCE EST EN LUI !
2. PIZZA MON AMOUR…

Éditions Glénat

LA CROISIÈRE VERTE

Avec Alexandra Carrasco
PAROLES D'ANGES

Éditions Liber Niger

Avec Rolo Diez et Alexandra Carrasco
SOLEIL NOIR

Éditions Casterman

Avec Baru, Boucq, Cabanes, Ferrandez et Juillard
LE VIOLON ET L'ARCHER

Éditions Milan

Jacques Gallard
1. PARFUM D'AFRIQUE
2. ZOULOU BLUES
3. AFRIKAAN'S BAZAAR

Avec Barcelo
DINGHYS DINGHYS

Jacques Gallard
2. SOVIET ZIG-ZAG

Avec Moncomble
LE TIGRE FURIBARD
LE TRÔNE

Éditions Futuropolis

Avec Barcelo
L'AUTRE IDIOT
PEAU DE BANANE
LE PARI

Éditions Transit

Avec Barcelo
LE BŒUF N'ÉTAIT PAS MODE

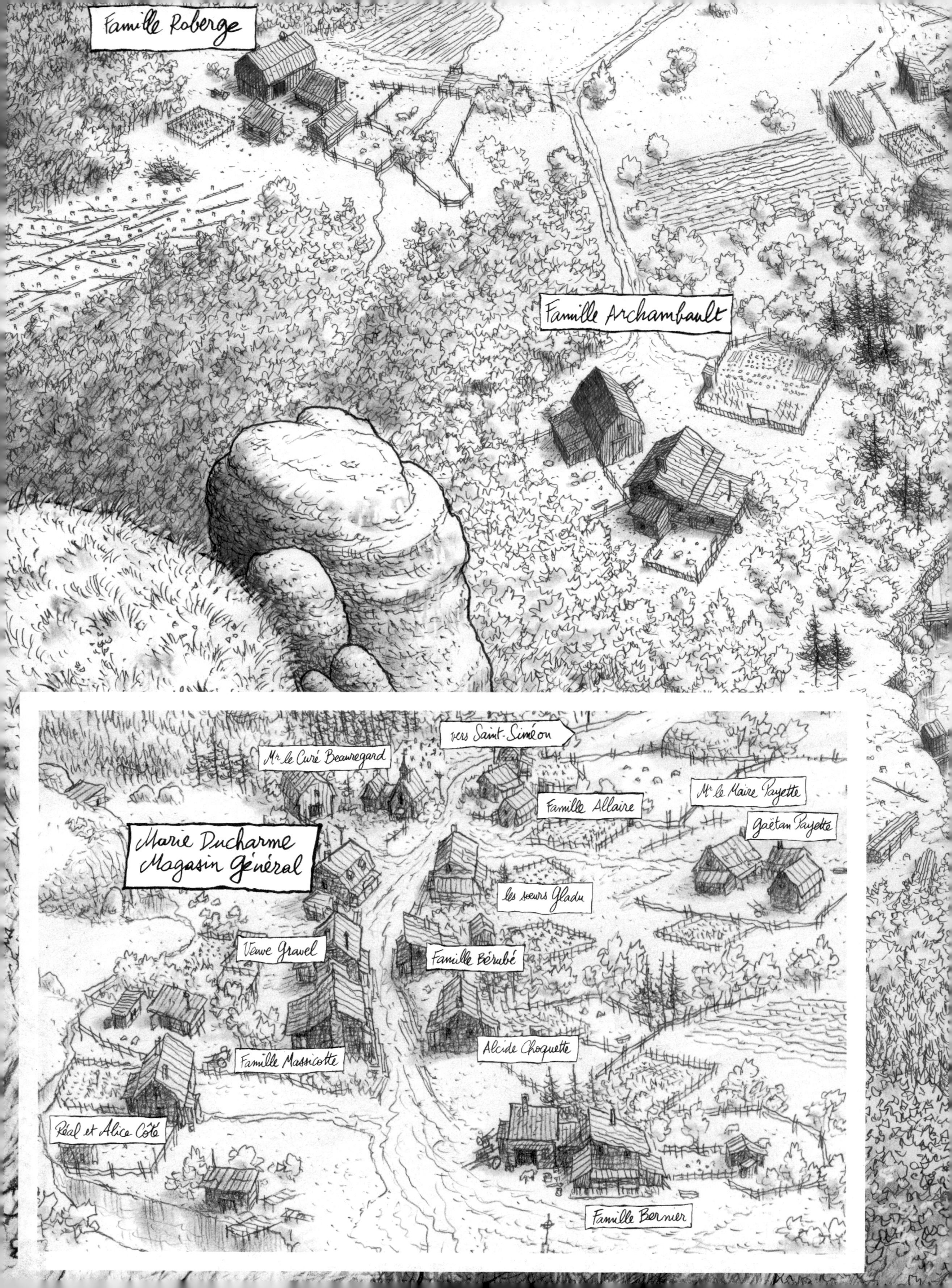
Famille Roberge
Famille Archambault
vers Saint-Siméon
Mr le Curé Beauregard
Famille Allaire
Mr le Maire Payette
Gaëtan Payette
Marie Ducharme
Magasin Général
les sœurs Gladu
Veuve Gravel
Famille Bérubé
Alcide Choquette
Famille Massicotte
Réal et Alice Côté
Famille Bernier